Ludwig Cramer Klett.

Der Autor im Frühjahr 1985 nach einem Gemälde von Rudolph Distler

Ludwig Benedikt
Freiherr von Cramer-Klett

Im Gamsgebirg

Erlebnisse und Erfahrungen um das Krickelwild

Mit 12 Abbildungen

Verlag Paul Parey · Hamburg und Berlin

CIP-Titelaufnahme der Deutschen Bibliothek

Cramer-Klett, Ludwig Benedikt Frhr. von:
Im Gamsgebirg : Erlebnisse u. Erfahrungen um d. Krickelwild /
Ludwig Benedikt Frhr. von Cramer-Klett. – Hamburg ; Berlin :
Parey, 1988
ISBN 3-490-06311-2

 Anschriften: Spitalerstraße 12, D-2000 Hamburg 1; Lindenstraße 44–47, D-1000 Berlin 61. Printed in Germany.
Satz und Druck: Rasch Druckerei und Verlag GmbH & Co. KG, D-4550 Bramsche.
Buchbinderei: Hunke & Schröder, D-5860 Iserlohn.
Umschlaggestaltung: Jan Buchholz und Reni Hinsch, D-2000 Hamburg, unter Verwendung eines Fotos von Claude Morerod, CH-1865 Les Diablerets.

ISBN 3-490-06311-2

Zur Einführung

Auf einer Jagdhütte im Kreuther Tal entdeckte ich einen Stoß alter Jagdzeitschriften und eine Aufsatzreihe über das Gamswild von Baron Ludwig Benedikt v. Cramer-Klett. Ich bat daraufhin den Verfasser persönlich, diese Abhandlung doch in Buchform erscheinen zu lassen, da sie eine glückliche Mischung von Unterhaltung und Belehrung sei und jeden Gamsjäger interessieren würde. Der Verfasser hörte mich freundlich lächelnd an und versprach diese Sache zu überdenken. Das war aber mein letztes Zusammensein mit ihm. Ich wußte nicht, daß er damals mit der Ausarbeitung des Buches „Zum Jagen zog ich frohen Sinn's " befaßt war, dessen Erscheinen er nicht mehr erlebte.

Anläßlich einer Vorsprache beim Sohn des Verstorbenen erhielt ich die Erlaubnis, mit dem Verlag Paul Parey wegen einer Veröffentlichung dieser Aufsatzreihe Verbindung aufzunehmen, die hier jetzt in Buchform vorliegt, ergänzend illustriert mit Zeichnungen und Gemälden aus dem Cramer-Klettschen Privatbesitz.

Acht lebendig geschriebene Bücher hat Ludwig Benedikt Freiherr v. Cramer-Klett hinterlassen, die Zeugnis geben von der tiefen Verbundenheit des Verfassers mit Wald und Wild in seinen Aschauer Bergen. Wir spüren, daß ihm das Drum und Dran beim Jagen ebenso wertvoll war wie das schließlich erbeutete Wild und seine Trophäe. Die Erlegung von drei Gamsgeißen, die zusammen ein halbes Hundert Jahre erreichten, waren eines seiner liebsten Erlebnisse, über das er berichtete.

Baron v. Cramer-Klett wußte mit Flinte und Büchse gleich meisterhaft umzugehen, und sein großer Freundeskreis bot ihm auch reichlich Gelegenheiten, an Niederwildjagden teilzunehmen. Eine Zeitlang bejagte er mit einigen Freunden zusammen ein Revier nördlich von München und erzählt in dem Buche „Mit der Flinte" humorvoll von fröhlichen Begebenheiten.

Die vielen kleinen Erlebnisse, wie sie sich beim Jagen im

Gebirge und auch im Flachland ereignen, bildeten für Baron v. Cramer-Klett einen wesentlichen Teil seiner jagdlichen Freuden. In dem vorgenannten Buch hat er dies klar und eindeutig zum Ausdruck gebracht, wenn er schreibt: „Ich habe in jungen Jahren so manchen Jägertraum geträumt, der sich nicht erfüllte. Aber wenn eine Fee im waldgrünen Schleiergewande vor mich hinträte und mir Tagesstrecken von mehreren Hundert Hasen verhieße, gegen die Bedingung, daß ich dafür den Erinnerungen an meine vielen kleinen Erlebnisse mit den gewichtigen und waldweisen Einzelgängermümmelmännern entsagen müßte, ich wiese ihr die Tür und brächte es vielleicht sogar bei der Durchsichtigkeit ihres grünwallenden Feenkleides fertig, ihr nicht einmal nachzuschauen."

Eine gut geleitete Treibjagd auf Hasen und Fasanen mit einem Abendessen bei feierlichem Kerzenschein bereitete ihm die gleiche Freude wie das einsame Jagen in seinen Aschauer Bergen und das Nächtigen im Kreister einer Jagdhütte.

An diesem seinem Jagen hat er uns durch seine Bücher teilhaben lassen. Beginnend mit dem Erstlingsbuch „Die Heuraffler", in dem es vorwiegend um Rothirsche geht; über den „Traum auf grünem Grund", der von der Bejagung nur eines einzigen Rehbockes handelt, bis hin zu „Spiel der Lichter und Schatten", das eines Jägers Wünsche und Wege beschreibt. „Glückselige Einsamkeit", „Des Waldhorns Widerhall" und „Des Jägers Glück kennt kein Verweilen" waren neben den vorerwähnten die Titel seiner weiteren vielgelesenen Bücher, in denen er in meisterhafter Erzählkunst Erlebnisse beim Jagen und mit jagenden Menschen schildert und seine Auffassung vom Jagen und seine Passion dabei aufscheinen läßt.

Baron Ludwig Benedikt v. Cramer-Klett war ein jagdlicher Könner und vorbildlicher hirschgerechter Jäger. Im 80. Lebensjahr ist er am 15. August 1985 verstorben und in Hohenaschau beigesetzt worden. Requiescat in pace!

Bad Reichenhall, im Sommer 1988 — Wilhelm Nerl

Im Gamsgebirg

Der überragende Kenner und Beurteiler des Hirschgeweihs (wie seine Zeitgenossen einstimmig bestätigen, auch am lebenden Wild), Herbert Nadler, hat mehrmals ausgesprochen, daß er es für die schwierigste Ansprechaufgabe hält, einen mehr als dreijährigen Rehbock dem Alter nach richtig zu beurteilen. Ich stimme ihm zu und beziehe, wenn auch nur in besonderen Fällen, sogar manchen dreijährigen Rehbock mit ein. Darüber hinaus aber mache ich noch eine Einschränkung. Man wird die Art, wie ich sie einleite, zunächst nicht verstehen:

„. . . Die Königin sprach freundlich: „Ich seh', Ihr seid ein sittig Kind. – ‚Ich laß Euch nicht im Dunkeln den Weg, drauf vielleicht Männer sind!' – ‚Frau Königin, laßt mich gehen, Maria für die Unschuld ficht!' – ‚Ich schütz die Unschuld lieber selbst; Maria kannte Ungarn nicht!' – "

Das ist ein Dialog aus einer besonders hübschen Ballade von Börries Münchhausen zwischen der Königin von Ungarn und dem als Mädchen verkleideten Pagen Bayard, den seine Herrin, die Herzogin von Savoja, nach Ungarn gesandt hat, auf daß er ihr Kunde bringe, ob Ungarns Königin schöner sei als sie.

Mit den Gambserln im G'wänd haben diese Verse, man darf schon sagen, überhaupt nichts zu tun. Sie sind mir nur deshalb hier in den Sinn gekommen, weil sie rhythmisch und lautlich an das anklingen, was ich sagen möchte: „Die Ungarn kennen Gemsen nicht!" Das heißt: gekannt hat Nadler sie sicher, aber ich nehme an, nicht nahe genug, um mit der Schwierigkeit voll bekannt geworden zu sein, einen, nun, sagen wir einmal, siebenjährigen Gams von einem zwölfjährigen zu unterscheiden. Ich würde sogar, wenn es sich nur um Sommergams handelte, schon beim fünfjährigen anfangen. Im Winterkleid ist es, wie wir weiter unten sehen werden, nicht schwierig, einen fünfjährigen und auch noch einen sechsjährigen Gamsbock als nicht alt anzusprechen. Bei Gamsgeißen fällt die Altersbestimmung im Sommer wie im Winter überhaupt schwerer.

Auch beim Bejagen unserer heutigen Gamsbestände trifft uns das in diesem Fall bittere Los, Enkel zu sein. Die alten Gamsjäger, gerade die waidgerechten unter ihnen, die Pirschjäger, gingen, und zwar zumeist im Sommer, nach guten Böcken auf die Suche. Der einschichtige starke Gams war das, was sie sich als des sicheren Rohres Gewinn erhofften, Geißen wurden in dieser guten alten Zeit nur geschossen, wenn sie kein Kitz führten und entweder kapitale oder abnorme Krucken trugen. Alle andere Auslese besorgte der Winter.

In Revieren, in denen die Gams mittels großer Riegeln vor die Schützen gebracht wurden, war man lediglich darauf bedacht, keine Kitzgeißen mit auf die Strecke zu bringen. Bei dem Gamsreichtum, wie er in der Hochblütezeit solcher groß angelegten Treibjagden vor gut 100 Jahren bis in die Anfänge unseres Jahrhunderts hinein noch gegeben war, tat der hierbei im wesentlichen falsch ausfallende Abschuß den Beständen keinen spürbaren Abbruch. Nach ziemlich einstimmigem Urteil der Gamsheger und zugleich Veranstalter von Gamsriegeln aus jener Zeit kam die Mehrzahl der guten Böcke dabei durch, brach nach rückwärts aus dem Bogen oder drückte sich sonst irgendwo unbeschossen durch die Treiberwehr. Der Abschuß griff überwiegend in die Reihen der jüngeren Stücke und der vereinzelt mit dem Rudel gehenden Geltgeißen ein. Der meist im Abstand von einigen Jahren auf diese Weise gemachte Aderlaß nützte den Beständen eher als daß er ihnen schadete, war vielleicht sogar gesünder als ein einseitiges Abschießen der ihren Krucken nach besten Böcke.

Man muß hierbei allerdings sowohl den Gamsreichtum als auch die noch nicht fernhintragenden Waffen von damals mit in Rechnung ziehen. Weit schlimmer waren die Folgen für das Revier. Es scheint so zu sein (ich selber habe auf diesem Sektor der Gamsjagerei keine Erfahrung), daß Gamswild durch Treibjagden größeren Ausmaßes überaus vergrämbarer ist und Gebiete, in denen sie stattgefunden haben, oft ein Jahr und länger meidet. Es müssen ausgedehnte Gebirgsstöcke sein, in denen man sich jährlich einen „Gamsriegler“ leisten kann.

Mein Vater hat, der jagdlichen Sitte seiner Zeit folgend, gegen Ende des 19. Jahrhunderts mehrmals Gamstreiben abgehalten. Der Patronenaufwand war oft groß, die Strecke meistens unbedeutend, aber einmal ist ihm nach einer solchen Jagd ein Gamsrudel von nahezu 100 Stück für immer aus dem Revier gewandert. Es fand eine neue und lange Zeit ungestörte Zufluchtsstätte auf dem mehrere Kilometer von seinem bisherigen Einstand entfernten Heuberg, in dessen Gewänd es bis dahin kaum Gamswild gegeben hatte. Mein Vater stellte daraufhin das Gamsriegeln, das bei uns nie in größerem Ausmaß betrieben worden war, ganz ein.

Er selber schoß einmal auf einem Stand drei gute Böcke. Nachträglich wurde ihm die Freude daran getrübt. Er hatte sich kurz zuvor durch Sturz mit dem Pferd eine Fußverletzung zugezogen, so daß ihm das Steigen schwerfiel. Der Gästekreis bestand an jenem Tag aus einigen gleichalterigen Freunden, es befand sich aber auch eine einzige Respektsperson darunter, und zwar der ob seiner Korrektheit und Strenge in der bayerischen Armee gleichermaßen geachtete wie gefürchtete Kriegsminister, Exzellenz Ritter von Asch, der alljährlich die Zeit seiner Sommerfrische in Aschau verbrachte, dabei meine Großeltern kennenlernte und später Jagdgast sowohl meiner Großmutter als in der Folge auch meines Vaters gewesen ist.

Der das Riegeln leitende und durch Jahrzehnte mit seinem Revier vertraute Beamte, der im Sachranger Tal noch heute oft genannte Oberförster Schrobenhauser, riet meinem Vater, wegen seiner Gehbehinderung den untersten, schon in der Waldregion eingerichteten Stand zu beziehen und den Kommandierenden, der bekanntermaßen gut zu Fuß war, auf dem Hauptplatz ziemlich hoch oben in der Latschenregion zu postieren.

Der Herr von Asch kam dort gut zu Schuß und kehrte mit zwei Brüchen, einem für einen Gamsbock und einem für einen Hirsch, von seinem weiten Spaziergang zurück. Er war es sicher nicht, der später die Kunde verbreitete, der junge Cramer-Klett stellte sich bei seinen Gamsriegeln immer auf den besten und bequemsten Platz und schickte Gäste, selbst ältere Herren in hohen Würden, in die unwegsamen Lagen hinauf. Wer selber längere Zeit irgendwo Jagdherr gewesen ist, kennt und erfährt solche Geschichtchen zur Genüge. Mich haben sie veranlaßt, bei unseren kleinen Riegeln auf Kahlwild und Füchse keine Gäste mehr zuzuziehen.

Schon geraume Zeit, nachdem ich zu diesem Entschluß gekommen war, wurde ich darin noch einmal bestärkt. Es war im Krieg. Am Vorabend eines kleinen, aber wegen der nahen Schonzeit nimmer verschiebbaren Kahlwildriegelns überraschte uns unangemeldet der Besuch eines Bekannten, der eine eigene Jagd hatte, von einem Tag auf den anderen dienstverpflichtet worden war und mir nun, künftige Entwicklungen richtig vorhersehend, noch schnell eines seiner Gewehre zur Aufbewahrung überbrachte. Es ging in dem Fall nicht anders, ich mußte ihn einladen, mit von der Jagdpartie zu sein. Er führte ein sehr sittenstrenges Leben, aber als Jäger schätzte ich ihn nicht. Alle in seiner breiten Brust schwelenden Leidenschaften entluden sich in die Jagd und umhüllten seinen Blick mit roten Nebeln, sobald ein Stück Wild auf den Plan trat. Als er das erste Mal in unseren Wäldern mitjagte, hielten wir auch gerade ein Rotwildriegeln ab, und sein in der Folge sich noch öfters bewährender guter Anlauf zeigte sich schon damals. Ein Stück Kahlwild von wahren Übermaßen lag nach dem zweiten Bogen vor seinem Stand, hochläufig, mit hirschhaft breitem Stich und Vorschlag, dabei in den besten Jahren und – mit strotzendem Gesäug.

„Sagen Sie einmal“, fragte ich nicht gerade erfreut, „ist denn das Stück ohne Kalb gekommen?“

Hohenaschau im Chiemgau im 18. Jahrhundert

„Nein, das Kalb war dabei, es stand verdeckt hinter der Mutter", war die in fachmännisch erklärendem Ton gegebene originelle Antwort, „aber das Alttier hat mich beim Heraustreten aus der Dickung sofort eräugt, und da blieb mir keine andere Wahl, ich mußte handeln!" Dieses war der erste Streich, und manch ähnlicher folgte. Die Beziehungen, zumindest die jagdlichen, hatten sich dadurch allmählich gelockert. Damals aber – ihm wohlwollende Geister hatten es anscheinend so gefügt – wäre es schon gar zu unfreundlich gewesen, ihn nicht mitzunehmen.

Das Feld unserer Tätigkeit an jenem Tag lag außerhalb des Eigenreviers in einer angepachteten Gemeindejagd, in der das Rotwild nicht Standwild war. Meine eigenen und die bäuerlichen Wünsche trafen sich in diesem Fall; es sollte dort kein fester Bestand an Rotwild aufkommen. Ich machte liebend gern von der Möglichkeit Gebrauch, einen Teil des Kahlwildabschusses ohne besondere Qual hinsichtlich des Auswählens, vor allem aber ohne Beunruhigung der Eigenjagd, dort zu erfüllen. Meine Vertragspartner nahmen dafür an der Vermehrung der Rehe kaum Ärgernis, die sich schon nach Ablauf weniger Jahre zu sommerlicher Früh- und Abendstunde auf den Bergwiesen rein optisch nimmer verheimlichen ließ.

Dort also wollten wir riegeln. Nachts hatte es stark geschneit, so daß man die vereinzelten Stücke oder kleinen Rudel in den stets nur wenige Hektar großen Dickungen der Bauernwälder wie auf einer Schwarzwildjagd einkreisen konnte. In eine dieser Verjüngungen, einen dicht verwachsenen Graben, fährteten sich zwei Stück Rotwild, ein starkes und ein geringes, hinein. Um Zeit zu sparen, beschloß ich, den Graben gleich zu umstellen und dabei selber den Kreis als letzter und oberster Schütze zu schließen. Auf diese Weise konnte ich ausmachen, ob das Wild durchgewechselt oder in der Dickung stehengeblieben war. Im ersteren Fall wollte ich abblasen, im letzteren mußten die Treiber – es waren ihrer nur zwei – zu einer bestimmten Uhrzeit den Graben bergaufwärts durchdrücken.

Den Gast stellte ich auf den mir am aussichtsreichsten erscheinenden Platz, in ein nach mehrfacher Durchforstung stark aufgelichtetes Stangenholz. Dort verlief steil bergab und parallel zum Graben ein etwa fünf Meter breiter Schleifweg. Das meist hier an der Flanke ausbrechende Rotwild pflegte diesen Weg zu überqueren und in der Deckung des Waldes bergwärts weiterzuflüchten.

Um den Gastschützen auf diesem Stand (es war dies der einzige auf der von unten gesehen rechten Seite des Treibens) zu postieren, mußte ich meine übrigen Mannen für kurze Zeit verlassen und ihn ein Stück den steilen Schleifweg hinauf geleiten. Dort wies ich ihn in die Geheimnisse dieses Wechsels und des sich bietenden Schußfeldes ein, wünschte ihm Waidmannsheil und kehrte dann eilends zu den Treibern und übrigen Schützen zurück. Der Stand, dem ich schließlich selber zustrebte, befand sich da, wo der Graben nach oben in eine flache Mulde überging. Ein halb schrotschußbreiter Schlagstreifen trennte die Spitze der hier gleichfalls auslaufenden Dickung vom hohen Holz. Dort konnte man bei vorweihnachtlicher Jagd auf einen Hasen, zuweilen sogar auf den Fuchs zu Schuß kommen. Das Anwechseln von Rotwild hatte ich dort noch nie erlebt.

Die beiden Stücke fährteten sich nicht aus dem Bogen. Als ich – wir hatten noch mehr vor an diesem kurzen Januartag – keuchend auf meinen Platz anlangte, fand ich ihn zu meinem bassen Erstaunen vom Gast, den ich gut 120 Meter weiter unten angestellt hatte, besetzt. „Ich habe mich hier herauf verschoben«, sagte er ohne Spur von Verlegenheit, „weil das Schußfeld da unten doch zu beschränkt ist. Ich glaube auch nicht, daß dort etwas kommt.«

Es muß schon ein uferlos gutmütiger Jagdherr sein, der solche Eigenmächtigkeit und Geringachtung seiner Anweisung gleichmütig hinnimmt. Mir jedenfalls stieg der Zorn hoch: „Bitte geh' auf deinen Stand zurück, sonst blase ich sofort das Treiben ab!« sagte ich.

„Aber es hat da unten wirklich keinen Zweck!“ beharrte er mit verbissener Miene. Als ich ihm keine Antwort mehr gab, ging er, halblaut über die Sinnlosigkeit weiter maulend, dann aber doch. Auch er wußte später, verbunden mit hochintellektuellen Deutungen und psychologischen Beleuchtungen des Problems, von meiner die Sorge um den Gast überwuchernden „großen Passion“ zu erzählen. Und deswegen habe ich diese Geschichte, in der nichts vom Gamswild vorkommt, hier miteingeflochten.

Die kleine Episode endete übrigens für mich noch ziemlich erheiternd: Schon nach 10 Minuten fiel auf dem von dem Verärgerten wieder bezogenen Stand ein Schuß. Ein sehr starkes, diesmal kalbloses und überdies altes Stück lag in den Stangen, als ich an Ort und Stelle kam. „In voller Flucht!“ rief mir der nun doch beglückte Schütze, der bereits selber seinen Hut mit einem großen Bruch geziert hatte, entgegen. Diesen Satz wiederholte er noch ziemlich oft, jedesmal nämlich, wenn einer der Treiber oder Schützen, der's noch nicht gehört hatte, hinzutrat. Als letzter kam der wackere Mathias, bei dessen Stand das zweite Stück, ein besonders hoch aufhabender Spießer, den Bogen verlassen und dabei großes Glück gehabt hatte. Der Wildliebende brachte es nicht übers Herz, dieses zukunftsvolle Leben auszulöschen.

„Blattschuß in voller Flucht hier in den engen Stangen!“ teilte auch ihm der Gast mit. Der Mathias sprach sein „Waidmannsheil!“, und dann machte er sich daran, dem Alttier, wie er es stets tat, einen breiten Riemen um den Hals zu schlaufen, um es über den Holzweg hinunter bis zur kleinen Straße zu ziehen. Als er das Haupt zu diesem Zweck aus dem Schnee hob, war sein grauer Fäustling auf einmal rot und von Schweiß durchtränkt.

„Was hat's denn da!?“ fragte er befremdet.

„Da hat es den Schuß“, sagte ich. Ich hatte schon vorher bemerkt, daß im Schnee unter den Lauschern sich ein großer Schweißfleck ausbreitete. Ein Hinterhauptschuß dicht über dem obersten Halswirbel hatte durch einen gnädigen Zufall das Leben dieser Altmutter jäh und schmerzlos ausgelöscht.

Trotz des vorhergegangenen Ärgers war ich aber nicht schadenfroh und wies den Mathias an, das Stück, da die anderen schon vorausgegangen waren, gleich an Ort und Stelle aufzubrechen, auf daß der „Blattschuß" sich nicht herumspreche. Die verdorbene Freude eines anderen ist nichts, worüber man Genugtuung empfinden sollte. Im übrigen hatte ich den Eindruck, daß der anfangs heftig widersprechende und von der nicht eben rühmlichen Tatsache kaum überzeugbare Schütze seines Heiles trotz des Genickschusses schon sehr bald wieder froh war. Erlegt ist erlegt! Mein ist mein!

Zurück zu den Gams! Während der freie Gemsenjäger von vor 100 Jahren sich, außer wenn schon ganz endshohe, womöglich auch noch 20 Zentimeter in schöner Schweifung ausgelegte Geißkrucken ihn reizten, nur insofern um das weibliche Wild kümmerte, als er acht gab, in gedrängter Situation nicht eine Geiß statt eines Bockes zu erwischen, haben wir Enkel, die wir uns mehr Abschußtätiger als Jäger nennen müssen, mit den Geißen weit größere Beschwer als mit den Böcken. Die schönen Zeiten sind vorüber, da man sich, wenn man eine Geiß heimbrachte, zum Gespött machte. Weit eher wird einem heutzutage verpächterischer- oder behördlicherseits auf das Dach gestiegen, wenn man zu wenig Geißen in den Gamshimmel befördert.

Keine Art oder Abart der Hege, nicht einmal die Überhege, birgt mehr Gefahren in sich, Unheil anzurichten, als die Hege mit der Büchse. Es klingt komisch, entspricht aber dennoch den Tatsachen, daß mit dem von Touristik und Wintersport verursachten zahlenmäßigen Rückgang der Gams der Abschuß von weiblichem Gamswild proportional in kaum glaublichem Maß gestiegen ist. Die extensive Bejagung der Gamsbestände hat längst aufgehört, und papierne Kalkulationen über das zahlenmäßig rechte Verhältnis von den männlichen zu den weiblichen

Stücken sind bis in die reine Luft des Hochgebirgs und seiner Latschenfelder emporgestiegen. Cui bono? Wem zu Nutz und Frommen? pflegten die Römer vor Ergreifung von Maßnahmen zu fragen. Sind – all das im ganzen gesehen! – die geschossenen Böcke im Durchschnitt jetzt älter, sind die Krucken bei Böcken und Geißen besser, die Wildpretgewichte höher, ist der Gesundheitszustand besser?

All diese Fragen darf man, glaube ich, getrost verneinen. Als ich auf Gams zu jagen anfing, sah ich an jeder Brunft mehrmals zwei, drei, fünf jagdbare Böcke beisammen, die einander umhersprengten, sich gegenseitig mit hochgestelltem Bart und aufgezogener Oberlippe umkreisten, lichterrollend im Stechschritt aufeinander zu zogen und einander gelegentlich auch „kruckengreiflich" abrauften. Bei solchem Anblick fühlte man als Jäger seinen Puls in den Halsschlagadern pochen, denn ein jeder aus der mit höchster Elektrizität geladenen Korona war begehrenswert, einer besser, einer interessanter als der andere. Sieht man heute, selten genug, in der Brunft noch mehrere Böcke einander abtreiben, dann ist nicht einer dabei, dem man gern seine Kugel antrüge. Es handelt sich da fast nur um eine Mischung aus Spiel und Ernst unter Jungböcken.

Der Grund für solchen Rückgang ist nicht allzu schwer erfindlich: Eine Vielzahl guter Böcke kann nur innerhalb großer Bestände heranreifen, was gleichbedeutend mit „alt werden" ist. (Auf das, was ich unter reif oder alt verstehe, möchte ich später noch zu sprechen kommen.) Von dem Zeitpunkt an, da man zu registrieren und in etwas zu nordischer Art „Ordnung in den Betrieb" und „Ausgeglichenheit in die Proportion der Geschlechter" zu bringen anfing, war's mit der alten Herrlichkeit vorbei.

Mein Vater – das ist jetzt rund so zwischen 80 und 90 Jahre her – der im Sommer kaum je einen Bock schoß, machte seine Novemberpirschen am liebsten, wenn die Sonne dazu schien. Auf Gams waren einige unschwer abgrenzbare Gebiete ganz für ihn reserviert, niemand außer ihm tat dort einen Schuß auf Bartgams. Auf fast jeder dieser ausgedehnten Pirschen, deren er in günstigen Jahren zwei oder drei unternahm, schoß er, und zwar so gut es ging ohne Beunruhigung der großen Rudel, mehrere Böcke. In manchen Jahren aber, wenn etwa seine allspätherbstliche Italienreise ihn länger als geplant festhielt oder das Wetter, die hohe Schneelage, ihm nach der Rückkehr nicht zusagte, schoß er gar keinen Gamsbock.

Niemand dachte damals bei all dem an überschrittene oder unerfüllte Abschußpläne. Und außer ein paar „Kalten", so hießen bei der alten Jägerei die nimmer aufnehmenden, die echt gelten Geißen, und einigen wenigen Jungzarten, wenn man im Sommer seinen Gästen Besonderes auf die Tafel bringen wollte, ward kein weibliches Wild erlegt. Und trotzdem: wäre nur die Hälfte dieses Segens, dessen letzten Schimmer ich noch entschwinden sah, mir erhalten geblieben, ich schaute heute auf ein dreimal so reiches Gamsjägerleben hinsichtlich des Erlebens sowohl als auch der Strecke und ihrer Qualität zurück. Dieses Heute ist jetzt noch trüber geworden, da die Räude erstmalig seit Menschengedenken in unsere Bestände eingebrochen ist, und ich weiß, daß mir, solang ich noch einigermaßen bergfähig bin, kein erfreuliches Jagen auf unser edles Bergwild mehr beschieden sein wird.

Aber da gibt es das schöne und tiefe Wort Martin Luthers, mit dem er sagt, er würde sogar im Bewußtsein nah bevorstehenden Weltunterganges „noch sein Bäumchen pflanzen". So möchte auch ich mutatis mutandis es halten, wenn ich von dem schreibe, was ich am Krickelwild erfahren und dadurch gelernt habe.

Denn Gams und Gamsjagen sind nicht nur von der Räude, sie sind von vielen zum Teil noch nicht absehbaren anderen Gegebenheiten, Entwicklungen und Gefahren beeinträchtigt, gestört und bedroht, von neuen Bergautostraßen, von Gondelbahnen und Liften, ihrem Lärm und dem von ihnen aus verbreiteten

Unrat und vielleicht in gar nicht so ferner Zeit von noch weit Schlimmerem, vom Jagduntergang, dem Verschwinden des Jägers und gleichzeitigen sieghaften Aufstieg des Schinders.

Was mag es für Gründe gehabt haben, daß es zu den Zeiten vor dem Ersten Weltkrieg (gegendweise noch darüber hinaus) trotz geringfügigen Abschusses weiblicher Stücke in gerecht bejagten Revieren noch immer übergenug Böcke gab? Fast überall wurden durch viele Jahrzehnte mehr Böcke als Geißen geschossen, und die waren im Durchschnitt älter, und vor allem waren ihre Krucken besser, als sie es heute sind. Ich glaube, daß die Gamsbestände des unübersichtlichen alpinen Geländes wegen in allen größeren Revieren bedeutend unterschätzt wurden. Wer will, beispielsweise, wissen, was alles an Lebendigem in einem mehrere hundert Tagwerk großen Latschenfeld mit all seinen Gräben, Geröllhalden, Wandeln, Fichtenhorsten und Lahnerblößen drinnensteckt!? Ferner gibt es in fast jedem Alpenrevier Gebiete, die schwer, oft auch gar nicht bejagbar sind. Und was mir alte und vielerfahrene Berufsjäger, die ihr Leben im Gamsgebirg zugebracht haben, mehrfach versicherten, nämlich, daß beim Gamswild, wegen der kürzeren Lebensdauer des Bockes, immer weit mehr Bock- als Geißkitze gesetzt werden, hat wahrscheinlich auch seine Richtigkeit. Und schließlich ist es (obwohl ich die darum gemachten Sprüche nie habe leiden mögen), von gewissen Ausnahmen abgesehen, schon etwas schwieriger, im Gebirg ein Gams zu schießen, als ein Reh im Flachland. Bis gegen die Jahrhundertwende hin haben überdies die alten Schwarzpulverbüchsen mit ihrer begrenzten Reichweite dem Gamsschützen wildwohltätige Schranken gesetzt.

Alles in allem: Es wurde in waidgerecht bejagten Revieren vermutlich immer weit weniger als der Zuwachs an Böcken abgeschossen; die „Hege mit der Büchse" überließ man einsichtsvoll den grausamen Wintern unserer Alpen. Schinder aber hatten und haben, wenigstens vorläufig noch, mit den Gams kein dauerhaftes Glück, denn wo man es viel bejagt, da wandert das Krickelwild aus. Wie es freilich einmal werden soll, wenn überall lizensierte Schinderbüchsen knallen, das weiß ich nicht, und vielleicht erspart es mir ein liebendes Geschick, mich noch damit befassen zu müssen.

Als die Beunruhigung der Berge durch Touristik und vor allem durch den Wintersport etwa vom Ende des Ersten Weltkrieges ab mit reißender Schnelligkeit zunahm, verminderten sich die Gams außer in ganz wenigen Revieren, die für Wild und Jäger den unschätzbaren Vorzug hatten, den Bergsportlern uninteressant zu sein, zusehends. Und niemand weiß, wohin diese manchmal bis zu hundert Stück zählenden Rudel gekommen sind. Die Gründe für das Fortziehen, das langsame, aber unaufhaltsame Verschwinden und Sich-Vermindern von Wild aus und in Gebieten, in denen es seit Menschengedenken heimisch, denen es unzertrennlich anhänglich gewesen war, lassen sich in vielen (auch nicht in allen) Fällen finden und erklären, unerforschlich aber und für mich eines der größten Wald- und Wildrätsel ist der weitere Verbleib dieser Abgewanderten. Irgendwo, möchte man meinen, hätten sie doch wieder seßhaft werden, irgendwo hätte ein merkbares Anwachsen der Gamsbestände beobachtet und freudig notiert werden müssen. Weder in der näheren noch ferneren Umgebung war dies der Fall.

Der um Wild und Waidwerk in einmaliger Weise verdiente Jäger und Kynologe, Oberforstmeister Rudolf Frieß, durch sein Signum R. F. unter hunderten von kürzeren oder längeren Berichten, Abhandlungen rühmlichst in der Jagdliteratur bekannt, erzählte mir, daß in den Staatsforsten um Nürnberg (dort war sein Vater tätig) auf den nach dem Großnonnenfraß in den Achtzigerjahren des vorigen Jahrhunderts entstandenen riesigen Kahlflächen binnen weniger Jahre das Birkwild sich in kaum vorstellbarer, jeder auch nur annähernden Zählung hohnsprechender Weise vermehrt habe. An die hundert balzende Hähne seien oft von einem Platz aus zu sehen gewesen auf den weiten ebenen Schlagflächen, die, wenn ich es recht verstanden habe, zum Teil durch Abbrennen gesäubert worden waren und sich dann voll und dicht begrünten. Der ganze Segen aber habe kaum ein Dutzend Jahre angehalten, so lange eben, bis die neuen Kulturen den Gras- und Kräuterwuchs auf den Schlägen überwachsen hatten. Und so schnell, wie es gekommen war, hatte das Birkwild sich dann wieder verstrichen.

Der Grund des Kommens und Gehens ist hier klar. Äsung, irgendwelche auf dem, wer weiß, vielleicht von Abermillionen Raupenleichen zu besonderer Fruchtbarkeit gedüngten Neuland, üppigst gedeihende samenreiche Gräser, hatte das Birkwild hergezogen und die von den sich schließenden Dickungen ausgelöschte Gras- und Kräutervegetationen es veranlaßt, wieder davonzuziehen. Im großen gesehen hat das für die abendländische Menschheit und ihre kulturellen Wandlungen einschneidenste geschichtliche Geschehen, die Völkerwanderung, ähnliche Ursachen gehabt.

Ungelöst aber bleibt, was das Kommen und Gehen des Birkwildes im Nürnberger Reichswald anbelangt, die Frage: Woher war es gekommen, und wohin hat sich nach einem guten Jahrzehnt das (um nur irgendeine Zahl zu nennen) halbe Tausend Birkhühner verflüchtigt? Rein mathematisch auf dem Papier auskalkuliert, können zehn ortsansässige Althennen, wenn jede von ihnen in einem Jahr fünf Töchter großzieht, sich binnen dreier Jahre auf dreihundert (ungerechnet die Hähne) vermehrt haben. Die Wirklichkeit sieht aber anders aus. Ein Teil dieses Birkwildes zumindest war, daran zweifle ich nicht, der Äsung halber zugestrichen. Vielleicht, ich weiß es nicht, ist auch gar kein alteingesessener Stamm derer von Hackl vorhanden gewesen. Wohin aber, wohin in aller Welt, ist dieses rasch emporgeblühte Riesenvolk gekommen, als seine Balz- und Äsungsplätze zugewachsen waren? Nirgends, so hat der breitbärtige R. F. mir erzählt, nirgends im weiten Rund, auch da nicht, wo die Landschaft sich dafür anbot, sind damals neue Balzen entstanden.

Nicht anders verhielt es sich in den zwanziger Jahren mit den dem Tourismus ausweichenden abgewanderten Gams. Von nirgends her im benachbarten Land Tirol kam die Kunde, man habe jetzt mehr Gams als in den letzten Jahren. Ich nehme an, daß wanderndes Wild, wenn es erst einmal das Verlassen der alten Heimat beschlossen und sich in Bewegung gesetzt hat, sehr weite Wege zurücklegt, ehe es ihm irgendwo so behagt, daß es wieder standtreu werden mag. Ich weiß nicht, ob man (zumindest in unseren Breiten) je Möglichkeiten finden wird, Beobachtungen zu machen, mit denen sich Beweise oder Gegenbeweise für diese Annahme erbringen lassen. Daß ganze Gamsrudel zuweilen (beispielsweise von Witterungsschwankungen oder sich jahreszeitgemäß verändernden Äsungsverhältnissen beeinflußt) kleine und sogar größere Ausflüge in die Nachbarschaft unternehmen, von denen sie aber immer wieder in ihren Haupteinstand zurückkehren, daß Böcke zur Sommerszeit unten im Wald, im Herbst auf den Almen und zur Brunftzeit oben im Latschengebiet sich aufhalten, hat nichts mit Wanderung oder gar Abwanderung in solchem Sinn zu tun. Eine keineswegs schlagartige, aber Jahr für Jahr sich immer deutlicher bemerkbar machende Verminderung des Bestandes hat sich, soweit meine Erfahrung reicht, noch nie durch unverkennbare Vermehrung der Gams in Nachbarrevieren aufgeklärt.

Schön also, und in unserem Gamsrevier war es, knapp ein Jahrzehnt nachdem mich die Fülle von Bildern und Erlebnissen auf meinen durch eintägiges Schulschwänzen erschlichenen Anfängerpirschen bis zu traumhaftem Entrücktsein glücklich gemacht hatten, zu einer Verminderung der Gams um etwa sechzig Prozent gekommen. Die Skifahrer hatten nicht nur in unseren Bergen, sondern auch – und das war das Schlimmere – in den Hütten unserer Almbauern Einzug gehalten. Der größte Teil der Südhänge, die ihm als Winteräsungsplätze gedient hatten, war dem Gamswild verleidet. Wozu lange darüber berichten?! Jeder, der in einem almenreichen Gebiet des Alpennordrandes ein größeres Gamsrevier hat oder hatte, kann davon sein Liedlein singen. Von da weg aber fehlte die große „stille Reserve“ innerhalb des Bestandes, von da weg ließen die Gams sich annähernd zählen und – so recht bis ins letzte erklärbar ist das eigentlich nicht – war auch die Überzahl an Böcken nimmer gegeben.

Wo früher vier und fünf Gute einander gesprengt und umkreist hatten, waren es jetzt – und das selten genug! – noch zwei, das was unsere Jäger das „Karussell“ genannt hatten, das Hintereinanderhersuchen von sechs, acht, manchmal zehn Bartböcken, unter denen sich wohl auch ein Prozentsatz von jungen befand, und ihre Wiederkehr auf ein und demselben Wechsel gab es nimmer. Der Platzbock, den in näherer Umgebung keine anderen Rudel mehr unruhevoll beschäftigten, blieb, von ein paar Beiböcken umkreist und geärgert, meist bei seiner Schar, und im Sommer tat man sich, was früher leicht gewesen war, schwer, irgendwo einen einschichtigen Altbock auszumachen. Trotzdem lehrte mich ein Erlebnis, daß man in einem nicht gar zu übersichtlichen Revier mancher Gamsfamilie jahrelang nicht begegnet, folglich auch bei erheblich verdünntem Bestand noch mehr Gams in seinem Bereich hat als man weiß.

Das weiße Gams

Da gab es nämlich im Herzen unserer eigentlichsten Gamsheimat das weiße Gams! Weiße Gemsen sind bekanntlich nur in wunderseltensten Fällen (mir ist nicht ein einziger bekannt) Albinos. Es handelt sich bei den Zlatorogs um eine gleichfalls sehr seltene, aber nicht albinotische Spielart, deren Gesamtfärbung dem gelblichen Weiß der Stirn- und Backenstreifen entspricht. Die Lichter sind normal, manchmal vielleicht etwas heller, aber keine Spur rötlich, die Schalen und die Krucken haben meist eine weißgelbliche Teilfärbung, so etwa, daß die Spitzen der sonst schwarzen Krucken elfenbeingelb auslaufen und die Schalen gelbliche Streifen zeigen. Um die Jahrhundertwende hatte der Oberförster Schrobenhauser, der umsichtige und gediegene Hüter unserer südlichen Revierhälfte, einmal einen solchen weißen, übrigens recht guten, acht- oder neunjährigen Bock geschossen, dessen präpariertes Haupt bis vor kurzem noch in einem Aschauer Bürgerhaus hing. Ursprünglich zierte er in ganzer Figur ausgestopft das von meinem Vater begründete Naturalienkabinett im Aschauer Verwaltungsgebäude, das während des Ersten Weltkrieges vergessen und vernachlässigt und schließlich so vermottet war, daß man es räumen mußte.

Das kleine Museum enthielt übrigens noch eine zweite, nicht minder seltene Kuriosität, die genau gleiche Spielart aus der Steinmarderfamilie. Auch hier handelte es sich, wie bei den meisten weißen Steinmardern, nicht um echten Albinismus. Der ganze Balg war von dem gleichen Weiß, wie es sonst nur der Kehlfleck zeigt. Auch hier waren die Seher, ja sogar die Krallen dunkel. Ich habe schon mehrfach davon erzählt, daß die verzweigten Speicher unter den schadhaften Schindeldächern des Aschauer Schlosses, das vor der Restaurierung durch meinen Vater nahezu ein halbes Jahrhundert lang so gut wie unbewohnt gewesen war, viele Marderfamilien beherbergt haben müssen. Als die Dächer dann gründlich erneuert und auch die schadhaften Stellen im Gemäuer geglättet wurden, mußten die Weißkehligen ausziehen und fanden neue Quartiere im Gebälk über den zu Füßen des Schloßberges gelegenen alten Faßhallen der Brauerei. Von dort aus besuchten und durchgeisterten sie dann noch längere Zeit ihre alten Heimstätten.

Unser Küchenchef, der seine ruhmreiche Laufbahn von den Schlössern großer schlesischer Herrschaften aus angetreten hatte, verstand etwas von Fährten und Spuren, kirrte vom Fenster seines zum waldigen Teil des Schloßberges hin gelegenen Zimmers aus die Marder mit Fleisch an, erbat sich von meinem Vater eine Flinte, und – wie das bei Halbjägern nun einmal so zu sein pflegt – schoß als ersten von mehreren Steinmardern und als seinen ersten überhaupt gleich einen weißen. Der Münchner Präparator, dem er ihn sandte (es war der alte Nikolaus Henseler) bot ihm damals, es muß so um 1910 herum gewesen sein, 400 gute Goldmark für das seltene Stück. Dadurch erst erfuhr er, welche Besonderheit er bei seiner Fensterjagd erbeutet hatte und stiftete sie, grundanständig wie er war, ohne Besinnen dem kleinen Museum seines Dienstherrn.

Unser weißes Gams nun kam anno 1926 zur Welt, und ich sah es auch erstmalig in jenem Jahr auf weite Entfernung wie einen semmelgelben Floh hinter der schwarzen Mutter durchs Gewänd hüpfen. Und sah es von da ab alljährlich immer wieder. Schießgelüste überkamen mich dabei nicht, und ich hätte sie auch nicht verspüren dürfen. Auf meinen Vater nämlich war in den Jugendjahren, die er, wann immer seine Zeit es ihm erlaubte, in Italien verbrachte, der den Italienern eigene Hang zum Aberglauben übergegangen. Ein weißes Wild töten, bringt Unglück, ein weißes Gams schießen den Tod! Diesem letzteren Glauben begegnete man übrigens im ganzen Alpengebiet, und er hat durch den gewaltsamen Tod des Erzherzogs Franz Ferdinand, der im Spätsommer des Jahres 1913 mit Hilfe großen Treiberaufgebotes einen weißen Gamsbock geschossen hatte und im Juli 1914 seinen Mördern zum Opfer fiel, erschütternde Bestärkung gefunden. Als ich nun die Kunde von meiner Entdeckung brachte, erließ mein Vater unverzüglich ein strenges Abschußverbot.

An einem Regen- und Nebelmorgen im Oktober, die Hirschbrunft war noch im Gang, pirschte ich allein ins Gebiet der Schoßrinn hinauf. Diese ganz von Wald umgebene, von anderen zusammenhängenden Weidegebieten abgeschiedene und nicht allzu große Alm war zu jener Zeit, besonders im

Spätherbst, noch ein Lieblingsaufenthalt der Gams. Wurden sie, ganz gleich, von welcher Seite her, angegangen, dann flüchteten sie immer nur nach Süden in ihre Einstände im großen Felswaldgebiet des Almerer Tales zurück. Zur noch ganz guten Zeit, die damals schon vorüber war, kamen sie, wenn man auf Hirsch oder Gams vom südlichen Rand her in die Alm hineingeschossen hatte, nur schwach nach oben ausweichend in zwei, drei, manchmal vier Wellen wie ein Reiterangriff auf einen zu- und an einem vorbeigeflüchtet.

Die spätere Entwicklung voraussehend, hätte man binnen, weniger Minuten hierbei und sogar mit Auswahl eine reichere Strecke machen können, als bei einem bestens durchgeführten, großen Gamstreiben. Statt dessen saß man regungslos unter seiner Schirmfichte, sorgenvoll ob der verursachten Beunruhigung, nicht ahnend, daß ein halbes Jahrzehnt später einem, wenn überhaupt, nur noch ein Drittel dieser Gams hier begegnen würde. „Töricht, war's, daß man bezwang seine sündige Begier..." könnte man mit geringfügiger Abwandlung hier Heinrich Heine zitieren. Ja, hätte, hätte man... Aber dieses „hätte" muß jeder, der in bewegten Zeiten lebt, aus seinem Erinnern streichen.

Einmal hätte ich in jungen Jahren sogar ums Haar einen guten Hirsch verloren, weil ich mit dem zweiten Schuß wartete, bis die Gams über den Rücken ins Nachbartal hinübergetaucht waren. Die etwas schräg von vorne angetragene Kugel hatte dem hochstangigen, alten Zehner die Blattschaufel zertrümmert, ohne sie zu durchschlagen. Er blieb längere Zeit gesenkten Hauptes schwer krank stehen.

„Herrgott, schiaßens do endlich!" schimpfte neben mir zornroten Gesichtes der kleine cholerische Förster Huber, der, als der weitaus Erfahrenere, die Lage und ihre Gefährlichkeit viel schneller erfaßt hatte als ich. Der Hirsch kam dann, immer spitz von mir weg, ins Ziehen. Zum Glück drehte er sich, einer tiefen Wasserrinne ausweichend, in gerade noch erlangbarer Entfernung noch einmal breit, und ich konnte die zweite Kugel jetzt mitten auf den Kasten zielen. Gerade in jenen Tagen lag unseres Forstrates alter Rasko schwer fiebernd darnieder, der als einziger unter den damals verfügbaren Schweißhunden einer so schwierigen Nachsuche gewachsen gewesen wäre. Nun, es war noch gutgegangen. Aber was für Sorgen, Verzichte, Selbstbeschränkungen um eines Gutes willen, das sich schon allzu bald als verloren erweisen sollte. Wahrscheinlich haben auch damals schon liebe Menschen, die zu der anscheinend nie aussterbenden Spezies unwissender Tierfreunde gehörten, dem Jäger die Schuld an solchem Verlust angelastet, so wie dies hinsichtlich der Waldhühner derzeit gleich unbegründet geschieht.

Damals also pirschte ich, von dünnen Nebeln umwallt, zur Schoßrinnalm hinauf. Ihr südlicher Rand wird von einem breiten, nur mit wenigen, teils in Horsten vereinten alten Schirmfichten bestandenen, steil bis ins Tal sich fortsetzenden Rücken, dem Mitterkern gebildet. „Mitterkern" ist im Gebirge nicht nur eine Ortsbezeichnung, sondern so etwas wie ein geographischer Begriff. Immer wieder begegnet man in den Alpen diesen auch stets die Wasserscheide zwischen zwei Tälern bildenden, einmal breiteren, einmal schmäleren, in ziemlich geradem Verlauf bis in die Haupttäler abfallenden Bergrücken. „Mitterkern", fester Kern inmitten regellos und ungewiß nach beiden Seiten sich zerklüftenden, hinabwerfenden und verfliehenden Gehänges. Wie ein Wundergebilde der Volkskunst rührt die dichterische Kraft so eines Namens mich an.

Ich glaube, fast auf jedem solchen Rücken gibt es des sicheren Verlaufes wegen einen Viehtrieb oder einen Steig. Auf dem Weißenbach-Mitterkern ist es auch so. Als ich gerade den Weidezaun überstieg, trenste aus den die Alm verschleiernden Nebeln heraus mit sehr tiefer Stimme ein Hirsch. Er schien noch mitten im freien Hang zu stehen. Wahrscheinlich würde auch er mit seinem Rudel über den Mitterkernrücken hinüber ins Almerertal wechseln. Ich mußte trachten, Höhe zu gewinnen,

Der noch jugendliche Autor beim Jagen, gemalt von Ludwig Hohlwein

und um nicht Gefahr zu laufen, im Hinaufsteigen auf der Alm etwas anzugehen, bog ich ein wenig nach links aus. So brachte ich den Rücken, auch was den Wind betraf, schützend zwischen mich und das Wild. Hier in seiner südlichen Flanke begann schon der schüttere Felsenwald. Es pirschte sich gut auf dem feuchten Boden in der fast absoluten diesigen Stille des Nebelmorgens, die nur die Wasser des Weißenbaches von weit unten her herbstmüd durchrauschten.

Und da geschah es: Ein knisternder Dürrast und das dumpfe Aufklopfen eines in langen flachen Bogen an mir vorbei zu Tal springenden Steines ließen mich nach rechts schauen. Ein kleines Gamsrudel, so an die fünf oder sieben Stück mögen es gewesen sein, kam flüchtig auf mich zu, wimmelte im noch nicht vollen Licht braunschwarz und weißgesichtig dicht zusammengedrängt durch die Stämme. Es war nur noch 40 Schritte etwa von mir entfernt, als ich es erblickte. Anscheinend waren es lauter jüngere zwei- bis vierjährige Gams, denen die Führung durch die Leitgeiß fehlte. Zwanzig Schritte von mir blieben sie, jetzt etwas mehr auseinandergezogen, stehen. Die meisten verhofften zurück. Und mitten unter ihnen stand – das Weiße. Ich sah jedes Haar an ihm und auch, daß es in einer ganz merkwürdigen Art, weiß in weiß, gezügelt war. Wie das zustande kam, daran erinnere ich mich nicht mehr. Wahrscheinlich war es so, daß die beim normal gefärbten Gams weißen Gesichtsstreifen auch hier doch etwas heller waren als die übrige Decke. Die Lichter waren dunkel, und auch die Krucken der Vierjährigen schienen mir damals schwarz zu sein.

Ich kann es nicht anders sagen: Ich war durch den von einer Sekunde zur anderen dicht vor mich hingezauberten Anblick zutiefst erschrocken. Wie eine Unwirklichkeit, wie etwas Geträumtes stand das weiße Gams vor mir, ein, zwei, drei Sekunden. Es äugte nicht zurück, sondern mit vorgespitzten Lauschern in die Richtung der Flucht. Dann polterten weiter oben abermals Steine, ein starker Ast krachte. Es mußte Rotwild sein, was dort durchflüchtete.

Fast gleichzeitig ruckte die ganze Schar vor mir an und fuhr in jetzt voller Flucht dicht gedrängt, die Weiße in ihre Mitte nehmend, struppig wimmelnd und wippend, durcheinanderschaukelnd und -purzelnd in den nächsten felsigen Graben hinein, in dessen Überriegelung sie sofort verschwunden war.

Es ist seltsam: Ich hatte dieses weiße Gams doch schon mehrmals, wenn auch stets auf wesentlich weitere Entfernungen gesehen, ich wußte aus eigenem Ansehen, daß es da war, und trotzdem wurde ich mit dem Erschauten nicht gleich fertig. Ich war davon so benommen, daß ich erst nach ein paar Minuten zu der Überlegung kam, es müsse doch irgend eine Beunruhigung von der Alm her die Flucht von Gams und Rotwild bewirkt haben. War wer um die Wege? Wenn ja, dann konnte es nur ein Lump sein. Der Revierjäger hatte anderwärts einen Gast zu führen, deswegen war ich allein. Über mir schlug sich matte Himmelsbläue durch den Nebel. Am besten war's, langsam weiterzupirschen. Vielleicht war der ganze Wirbel nur dadurch entstanden, daß der beim Rudel stehende Hirsch einen Beihirsch gesprengt hatte. Wie zur Bestätigung schrie auch jetzt kaum mehr als 100 Meter von mir entfernt auf dem Mitterkernrücken ein Hirsch. Aber – was war das für eine merkwürdige Stimme!? Rauh zwar, aber ziemlich hell und bös und häßlich. War's denn überhaupt ein Hirsch? Das war doch ein Mensch!? Ein Lump! Ich fühlte auf einmal mein Herz dicht unter dem Kehlkopf schlagen. Langsam nahm ich den Repetierer von der Schulter und entsicherte ihn.

Es ist nichts weiter mehr geschehen an jenem Morgen. Als der Nebel sich aufgelöst hatte, stieg ich so behutsam ich nur konnte, jeden Tritt wählend, auf den Rücken hinauf, schob mich in eine Schirmfichtengruppe ein und beobachtete lange die leere Alm und ihre Waldränder. Daß mir der Gedanke, mit der Muschel unverzüglich auf jenen befremdlich unschönen Schrei zu antworten, nicht gekommen war! Als ich es tat, war es wohl schon zu spät. Es blieb jedenfalls still, auf mein grimmiges Röhren hin auch später, als ich es, während ich oben saß, wiederholte. Aber durch einen Zufall entdeckte ich, für den Abstieg einen anderen Weg einschlagend, im feuchten Ufersand des Baches, der vom Almbrunnen weg in den Wald hineinsprudelt, den wachsfrischen Abdruck einer ganz sonderbaren, altertümlich mit teils krallenartigen, teils rundköpfigen Stiften benagelten Sohle. Ein großer Männerfuß war das gewesen! Jenseits des Baches – und dadurch war ich aufmerksam geworden – hatte derselbe Schuh das Moos von einem Felsblock gerissen, so daß es die erdige Unterseite zeigte. Der Stein wies die frischen Kratzer der Nägel auf.

Damals wußte ich noch nicht, daß einer der nicht nur unbekümmertsten, sondern auch gefährlichsten Wilderer aus den Tälern um den Wilden Kaiser seine Raubzüge auch bis weit in unser Gebiet herein ausdehnte. Jeder, der ihm dabei entgegentreten würde, sollte sein selbstgegossenes Blei kennenlernen, hatte er immer wieder in den elenden Kneipen, die ihm, nachdem er mehrfach im Gefängnis gesessen hatte, noch Unterschlupf gaben, geäußert. Niemand wollte mehr recht mit ihm zu tun haben, auch seine früheren Hehler nicht. Er muß – ich selber habe ihn nie gesehen – einer jener absoluten Eingängerwildschützen gewesen sein, von großer Härte gegen alle Unbill der Elemente oft durch mehrere Tage und Nächte in den Wäldern kampierend. Zudem muß eine böse Strahlung von ihm ausgegangen sein. Wenn er an einem Einödhof, wie es seine Art war, mit finsterem Blick aus hellen Augen und immer stumm vorüberging, liefen die Kinder, auch wenn sie ihn noch nie gesehen hatten, weinend ins Haus und suchten Schutz bei der Mutter. Zu spaßen, so meinten die paar ruhigen und nicht voreingenommenen Leute, die ich, als ich einige Jahre später von seiner Existenz erfuhr, befragte, sei nicht mit ihm. Ob er es damals gewesen ist, der gleichzeitig mit mir den Schoßrinnenhirsch im Nebel anpirschte?

Jedenfalls rührt mich, wenn ich daran zurückdenke, immer wieder mit gegenwärtiger Kraft die schwer beschreibliche Stimmung jener nebelumschleierten Zwielichtstunde an. Ich meine die Unheimlichkeit der mir bevorstehenden Erlebnisse schon beim Übersteigen des Almzaunes und beim Betreten des Felsenwaldes vorausgespürt zu haben: die Erschrockenheit ob der weißen Erscheinung, obwohl ich wußte, daß dieses Fabelwesen Wirklichkeit war. Und unmittelbar daran anschließend die Mischung aus Erfühlen und Erkennen eines Bedrohtseins, einer sehr nahen Gefahr.

Während der folgenden Jahre sah ich selber das weiße Gams nur noch einige Male und stets auf weite Entfernung. Es führte nach seinem fünften Winter alljährlich ein Kitz, dessen immer normale Färbung sich neben dem weißgoldenen Vlies der Mutter tief rußschwarz ausnahm.

Im Mai des Jahres 1938 starb mein Vater. Es ergab sich in der Folge für mich die unerfreuliche Notwendigkeit, unser Gejaid für ein paar Jahre zu verpachten. Um keine lange Bindung eingehen zu müssen, schloß ich ein den Gesamtabschuß vergebendes Abkommen. Daß ich, gerade damals, des väterlichen Gebotes, das weiße Gams nicht zu schießen, eingedenk blieb, lag nahe. Eine der wenigen Klauseln des sonst ziemlich einfachen Vertrages war die, daß etwa vorkommende weiße Gemsen im Abschußvertrag nicht mit eingeschlossen und unbedingt zu schonen seien.

Der Pächter ist mir später in mancher Hinsicht ein geschätzter und hilfsbereiter Freund und Gastfreund geworden. Was aber seine Vertragstreue anbelangte!? – Nun, das Ganze ist jetzt länger als drei Jahrzehnte her, und zurückschauend möchte ich seine Einstellung dazu in manchen Punkten eine durchaus unbekümmerte nennen. Ich weiß jedenfalls, daß er und in seinem Auftrag einer seiner Getreuen eifrig nach der Weißen fahndete. Einmal meinte er, sie entdeckt zu haben und freute sich, uns unsere Ignoranz nachweisen zu können, indem er uns ad oculos demonstrierte, daß die weiße Geiß männlichen Geschlechtes sei. Sie trieb und beschlug nämlich eine andere Geiß und war zum Glück nicht die entgegen „heil'ger Verträge starker Runen" von ihm Verfolgte. Es handelte sich vermutlich um einen ziemlich helldachsgrau gefärbten Bock. Unsere Latschen bargen damals ihrer mehrere. Aber schon dem beabsichtigten

Treuebruch folgte unmittelbar die Strafe. Der Bock war angeschweißt und kam trotz des sehr guten Hannoveraners, den der vom Pächter mitgebrachte Berufsjäger führte und abgeführt hatte, nicht zur Strecke. Die weiße Geiß aber schien sich solch unwürdigem Verfolger entzogen zu haben, sie war mit einem Mal verschwunden, und niemand hat sie während der folgenden Jahre mehr gesehen.

Im November des Jahres 1944, der Jagdpächter war längst abgezogen, hatte sich ein besonders guter Gamsbock dem Rudel auf der Schoßrinnalm zugesellt, das im Lauf der Jahre wieder merkbar gewachsen war. Seine Krucken standen im unteren Teil ziemlich eng, waren dafür aber von pulsbeschleunigender Stärke. Erst im oberen Drittel sah es dann so aus, als habe man Schläuche und Bögen gewaltsam zu eigenartig geschweifter Auslage auseinandergedrückt. Auch die Höhe war nicht unbedeutend, so um 18 Zentimeter mochte sie in der Sehne betragen. Schon einer also, der es wert war, seinetwegen immer wieder über den Mitterkernrücken zur Alm hinaufzuwaten, trotz der alle paar Tage durch erneute Schneefälle wachsenden Beschwernis. Aber es ging mit dem Teufel zu: Ich kam nicht auf ihn zu Schuß, und das vor allem deshalb, weil die Gams bei solcher Witterung ungern aus dem Felswald auf die Alm hinauszogen. Inzwischen wurde der Bock müde und konnte sich der zahlreichen Beiböcke nimmer erwehren. Er saß wohl noch paschahaft inmitten seiner Schar, mußte aber die sich kaum mehr um ihn bekümmernden Jungen gewähren lassen. Wenn sie es gar zu frech trieben, wurde er manchmal hoch, zog müdläufig auf einen von ihnen zu und hackelte ärgerlich mit seinen herrlichen Krucken in die Luft oder in den Schnee, um alsbald wieder mehr zusammenzufallen, als sich niederzutun. Das alles beobachtete ich an einem der letzten Novembertage aus etwa 400 Meter Entfernung und hatte keine Hoffnung, daß der Platzbock einen anderen austeufelnd mir noch in den Feuerkreis hineinwechseln würde.

Ich stand damals vor meiner Wiedereinberufung. Ihres Tauglichkeitsgrades wegen unabkömmlich Gestellte mußten sich in bestimmten Zeitabständen zur militärärztlichen Untersuchung melden. Dabei war ich an einen sehr bigotten Oberstabsarzt geraten, der mich zwar aufgrund einer alten Familienfreundschaft von Vaters und Großvaters Zeiten her kannte, aus Gründen, auf die ich hier nicht eingehen kann, aber tief verabscheute. Ich war wenige Monate zuvor wegen einer von der Russischen Gelbsucht zurückgebliebenen Leberschwellung zu einer Untersuchung zu dem Vertrauensinternisten des Wehrkreises befohlen worden. Das kurze Gutachten lag in meinem G-Buch (so hieß das Gesundheitsbuch des deutschen Soldaten). Der tumbe Oberstabsarzt der Reserve setzte sich aber in meinem besonderen Fall darüber hinweg, verlor mit Untersuchen überhaupt keine Zeit, denn er wollte heim zum Essen, und schrieb mich frontdiensttauglich. Ich mußte binnen zehn Tagen mit meinem Marschbefehl rechnen. In diesem fortgeschrittenen Stadium des Krieges, man könnte auch sagen des Vormarsches der Feindmächte, war die Zwischenstation des Ersatztruppenteils abgeschafft worden.

Dieses ganze Geschehen war in die ausgehende Gamsbrunft hineingefallen, und ich hätte an jenem Tage besser daran getan, die verbleibende Frist bei den Meinen, bei der ob dieser völlig unerwarteten Wendung tief bedrückten Frau und den drei Kindern hinzubringen, statt einen Abschiedsbesuch und letzten Versuch auf der Schoßrinnalm zu machen. Jetzt, da ich hier oben saß und keine rechte Freude über Anblick und jägerisches Beginnen in mir aufkam, sah ich ein, daß ich Unrecht getan hatte, und diese Verstimmung verstärkte noch das öde Gefühl über die Unerreichbarkeit des begehrten Wildes.

Aber ich war nun einmal da! Ich schaute noch eine Weile über die verschneite, breite Almleite hinüber zu den Gams im Gegenhang, auf dem der Sturm ein paar Kuppen freigeweht hatte. Es war sinnlos, hier länger zu warten, ich mußt es anpacken und die Almlichtung von unten her im Wald umgehen. Wenn ich den tiefen Graben unterhalb der Almhütte erreichte, konnte ich in seiner Deckung mich so weit wieder hinaufarbeiten, daß es zu einem freilich immer noch recht zähen Schuß langte. Allzu weit wieder aufwärts durfte ich deshalb nicht, weil mir dann die Gams durch eine zwischen ihnen und mir liegende Geländewelle überriegelt gewesen wären. Aber der Teufel war wieder im Spiel: Der Wind, der zu dieser Nachmittagsstunde nach der Spielregel schon hätte abwärts ziehen müssen, schlug mit einem Mal kurz nach oben, das ganze Rudel wurde unruhig und setzte sich dann immer flüchtiger werdend gegen den Mitterkern zu in Bewegung. Ich war noch nicht am ausersehenen Ziel, aber die Gams kamen mir durch ihre Fluchtrichtung etwas entgegen, und so lag ich im Anschlag hinter einem großen Stein und versuchte durchs Zielfernrohr den Bock aus den vielen durcheinanderwimmelnden Gams herauszufinden und zu fassen. Endlich erkannte ich ihn am aufgestellten guten Bart. Die schräg von hinten angetragene Kugel ließ ihn zusammenbrechen, und mit mir zufrieden lehnte ich, vom schnell durchgeführten Anmarschmanöver noch immer außer Atem, den Repetierer an meinen Felsblock.

Eine Zigarette rauchend, schaute ich dem Stück für Stück langsam über den Rücken hinüber verschwindenden Rudel nach. Aber auf einmal meinte ich einen Traum zu haben: In nächster Nähe des verendeten Bockes stand, sich vom Weiß des Schnees kaum abhebend, wie eine Geistererscheinung, ein elfenbeinweißes Stück und verhoffte langhalsig zu mir herunter. Was war denn das, um Huberti willen!? Durchs Glas erkannte ich ein weißlich gelbes Gams, und dieses Gams, das wollte mir nun überhaupt nicht ins Hirn, hatte sehr hohe, gleichfalls weißgelbe Krucken!!

Während ich das Perspektiv aus dem Rucksack holte, kamen noch andere Gams von rechts her gezogen, eine kleine Nachhut, die wahrscheinlich verdeckt weiter oben dicht am Almrand im

Wald gestanden hatte. Ein paar Kitzgeißen waren dabei und weitere zwei anscheinend gelte Altgeißen. Als sie sich dem Hauptrudel nachziehend zur Kette formierten, stellte sich heraus, daß auch das weiße Gams eine Geiß war und kein Kitz führte. Nachdem ich sie eine Weile in den Linsen gehabt hatte, kam ich zu der Überzeugung, daß es unsere jetzt seit Jahren verschwundene Weiße sein mußte, die sich ja von Kindheit an immer in diesem Gebiet aufgehalten hatte.

Man sah ihr hohe Bejahrung an. Langsam und in immer größer werdendem Abstand zog sie als Letzte hinter der kleinen Schar her. Sie mußte achtzehn Jahre alt sein, nachdem ich sie 1926 erstmals als sehr zierliches Kitz der Mutter hatte folgen sehen. Nur daß die Krucken fast gleichfarben mit dem Haupt waren, wollte und wollte mir nicht eingehen. Es war mir wohl bei den immer nur kurzen Begegnungen mit ihr nie so viel Zeit verblieben, sie ganz genau anzuschauen. Aber damals in der Nebelfrühe im Alpenwald war sie so nah vor mir gestanden, daß ich kein Glas brauchte. Und ich hatte, dessen entsann ich mich noch, auch auf die Krucken geschaut, deren Wachstum, nachdem ich genau wußte, wie alt das Gams war, mich interessierte. Die Annahme eines späteren Ausbleichens der inzwischen hoch gewordenen Schläuche widersprach meinem Wissen um solche Abzeichen an Hörnern und Hufen.

Aber diese Fragen waren es nicht, die mich beschäftigten, während die Weiße immer wieder, als müsse sie verschnaufen, stehenbleibend hinter dem Rudel herzog. Sollte ich sie jetzt nicht doch schießen? Die Ehrfurcht vor weißem Wild, die Scheu, es zu erlegen, kommt, daran zweifle ich nicht, aus dem Wissen um seine Seltenheit, um die, wenn man's so ausdrücken mag, Mühe, die es der Natur bereitet, solche Besonderheit alle heiligen Zeiten einmal hervorzubringen. Man hat das Gefühl, sie wolle sich jetzt an dem gelungenen Kunststück freuen und werde sich für dessen mutwillige Zerstörung zornig rächen. Eine sehr dichterische Deutung, ich weiß, aber aller Volksaberglaube ist Dichtung, ist aus Wirklichkeiten herausgeborenes Märchen. Und in Märchen lebt Wahrheit. Aber jetzt und hier, da dies Wunderwesen, die holde lichte Berggazelle, zur müden Greisin geworden war, die den nächsten Winter zu überstehen vielleicht schon nicht mehr die Kraft hatte, jetzt würden die Berggeister es wahrscheinlich vergeben, wenn man die blasse Flamme dieses ausgelebten Lebens schmerzlos löschte. Mir müßten sie es vergeben, der ich es weit über ein Jahrzehnt verehrend geschont hatte!

Und der Vater? Von drüben her sah sich wohl mancher Aberglaube anders an. Und unten die Frau? Über sie hatte Aberglauben nur wenig Macht. Aber mußte sie in der seelischen Anspannung, die diese erneute Trennung ins Ungewisse ihr verursachte, es nicht als böses Omen deuten, wenn ich, kurz eh' ich fortging, ein Wild heimbrachte, von dem man sagt, daß seine Erbeutung dem Schützen den baldigen Tod bringt?

Und es einfach ziehen lassen – ein solches Stück!? Wie mochten diese elfenbeinfarbenen Krucken in der Nähe aussehen? Was alles an Besonderheiten würde dieses weiße Gams dann noch aufweisen, wenn man es als seine Beute fassen, betasten und beschauen konnte!? So zog und zerrte es hin und her in meinem Herzen, das gespalten war in ein zärtlich liebendes und eines, das heiß begehrte. Aber allmählich (Sekunden wiegen in solcher Lage wie Minuten) erkämpfte sich doch der Gedanke, daß keine Beute der Welt vertieften Kummer eines geliebten Menschen wert sei, die Führung. Und noch etwas half mir bei dem Verzicht und bestärkte mich überdies in der Gewißheit, daß es wirklich unsere lang gehütete Weiße war, die ich da vor mir hatte. Bei dem Rudel, zu dem sie früher gehört hatte, war durch Jahre eine Geiß mit sehr besonderen Krucken Leitgeiß gewesen. Ich hätte sie gerne geschossen, aber auch sie führte alljährlich ein Kitz. Ihre Krucken waren sehr hoch, maßen wohl ihre 20 Zentimeter und schweiften sich oben zu bedeutender Auslage auseinander. Das war's aber nicht allein, was ihnen den besonderen

Charakter gab. Von ihrer Mitte ab etwa waren beide Schläuche ein wenig nach vorne geknickt, hingen über und verliehen dadurch der Trägerin, zumal wenn man sie von der Breitseite her anschaute, ein gereizt streitbares Aussehen. Diese alte Bekannte war jetzt als eine der beiden Gelten auch bei der Schar, hatte sich aber (sie war wohl auch etwas jünger) weit besser konserviert als die Weiße, war sehr stark im Wildpret und von stämmiger Statur. Als ich sie wiedererkannt hatte, beschloß ich, sie zu schießen und das elfenbeinfarbene Geheimnis wenigstens diesmal noch unenträtselt zu lassen.

Die anfangs spitz von mir fortziehenden Gams hatten sich schräg gedreht und wechselten in der steilen Nordflanke des Mittelkerns gemächlich aufwärts. So ganz und gar resigniert schien die Alte noch nicht zu haben, und man gewann den Eindruck, daß sie sich der Führung durch ihre Leitgeißnachfolgerin (vielleicht war's eine ihrer eigenen Töchter oder eine Tochter der Weißen) keineswegs kritiklos überließ. Jedenfalls legte sie eine Zwischenserpentine ein und stand dadurch, als sie einmal kurz verhoffte, breit. Ich hatte zu lange geschaut, zu lange hin- und hergewogen, zu lange gezögert. Die Entfernung hatte sich nun erheblich vergrößert. Die hoch hinter das Blatt gezielte und aus ruhiger Hand versendete Kugel ging fehl. Ein, zwei Sekunden nach dem Schuß setzte sich die Geiß langsam wieder in Bewegung, und nach mehrmaligem Verhoffen und ohne leisestes Anzeichen des Krankseins überstieg sie schließlich hinter den anderen her den Rücken und verschwand gegen das Almerer Tal zu. Dabei blieb es mir nicht erspart, ihre hohen Krucken sich vor dem rosigen Abendhimmel noch auf die Dauer eines kleinen „Standerls" drehend und wendend sich abheben zu sehen.

Dort aber, wo sie im Schuß gestanden hatte, verhielt jetzt mit müd eingeknickten Vorderläufen und ziemlich teilnahmslos vor sich hin in den Schnee äugend die Weiße. Es war so, als wollten die Berggeister mir nochmals anbieten, ihr weitere winterlich mühselige Wege zu ersparen und sie vor dem auf sie zukommenden Schneetod zu bewahren. Ich wußte jetzt, welchen Haltepunkt ich nehmen mußte. Es wäre somit keine Kunst gewesen, ihr die Kugel mitten in den Rumpf zu setzen. War es nicht unsinnig, um eines Aberglaubens willen dieses überbejahrte seltene Wild eingehen und irgendwo verludern zu lassen, anstatt es zu erbeuten!? Aber ich repetierte nicht einmal die abgeschossene Hülse aus dem Lauf. Die innerliche Entscheidung war gefallen. Fast fünf Minuten blieb die Geiß noch stehen, dann zog sie schleppend in dem von den anderen ausgetretenen Wechsel weiter, und schließlich tauchte auch sie hinter der Schneid unter. Niemand hat sie, die durch fast zwei Jahrzehnte das Kleinod dieses Berges gewesen war, je wieder gesehen.

Eigentlich wollte ich hier nur kurz von ihr sprechen, und nur deshalb, weil diese Begegnung damals, nachdem sie durch mehr als fünf Jahre verschwunden gewesen war, ein Beispiel dafür ist, daß man zumindest in den Revieren, die nicht oberhalb der Wald- und Latschengrenze liegen, keinen genauen Überblick über seinen Gesamtbestand hat und ihn nur vage schätzen, keinesfalls aber zählen kann.

Nur deshalb also wollte ich der Weißen Erwähnung tun, und nun hat sich doch die ganze Geschichte, auch die des inneren Erlebens um sie, mir in die Feder gedrängt. Bis zum heutigen Tag weiß ich nicht, ob es recht oder unrecht war, wie ich mich damals entschied. Daß ein präpariertes Gamshaupt mit mattgoldenem Kruckenpaar an meiner Wand fehlt, ist dabei freilich der geringste Kummer. Und eins durfte und darf mir den inneren Widerstreit schlichten, daß ich vielleicht das Falsche gewählt, aber sicher das Rechte gewollt habe.

Noch weit davon entfernt, das Für und Wider in mir ausgewogen zu haben, stieg ich damals zu meinem Bock hinauf. Der zumindest blieb mir und durfte mich ohne Einschränkung freuen. Aber auch hier war der Teufel wieder am Werk gewesen und kein ausgleichender Trost mit beschieden. Einer von den

Beiböcken, ein mit Wildpret ausnahmsstarker Fünfjähriger mit gutem, weiß bereiftem Bart lag vor mir im Schnee.

Dem Platzbock bin ich zwei Jahre später wieder begegnet, und da war's dann trotz Waffen- und Jagdverbotes kein verkehrter, der, übrigens fast auf demselben Fleck, im Schnee lag. Auch daß es zu gar keinem Wiedersehen mehr mit Heimat, Gejaid und meinen Geliebten gekommen wäre, schien damals eine künftigem Geschehen inbegriffene Möglichkeit zu sein. Der angekündigte Marschbefehl aber ist nie gekommen. Ich erfuhr erst viel später, daß rund 12 Stunden nach jener Untersuchung, also zum Glück bei Nacht, als die vielen Schreibstuben leer waren, zwei amerikanische Sprengbomben als Volltreffer in das Gebäude des Wehrbezirkskommandos eingeschlagen hatten. Die Dienststelle mußte evakuiert werden, und der etwas willkürliche Urteilsspruch des ebenso gottesfürchtigen als menschenunfreundlichen Oberstabsarztes ist vermutlich verbrannt. Friede seiner Asche.

Die Qual der Wahl

Aber auch wenn die eine oder andere kleinere oder größere Schar sich unserem zählenden und registrierenden Bemühen jahrelang zu entziehen weiß, es ist bei weitem nimmer der alte Gamsreichtum von vor fünfzig oder gar hundert Jahren, den unser Gebirg heute noch beherbergt. Und überall da, wo Verarmung droht, kommt man um einen Haushaltsplan nicht mehr herum.

Drei Fragen erheben sich nun: Wieviel, was und wie soll man abschießen? Das erste dieser drei Fragezeichen hängt vom gezählten und errechneten Bestand ab. Aber damit hat jeder Inhaber eines Gamsreviers sich im Lauf der Jahre schon oft genug befassen müssen. Ich darf mir schenken, im gedroschenen Stroh herumzuklopfen. Etwas freilich ist manchem Gamsheger, der sich sein Wissen nicht (und das durch ein paar Jahrzehnte!) im Revier erworben hat, unbekannt: Die Zahl der Jahrlinge bleibt hinter der der Kitze des Vorjahres um einen weit höheren Prozentsatz zurück als bei anderen Schalenwildarten. Mit anderen Worten: Der Winter nimmt viele Kitze mit. Bis zu einem gewissen Grad ist das wohl immer schon der Fall gewesen, denn im Lauf eines Jahrzehntes ist im Durchschnitt dem Gams, wenn es hoch kommt, ein einziges Mal die weiße Zeit so beschieden, daß man sie nicht grimmig nennen kann. Eine Wildart, die um die Baumgrenze herum und oben im Gefels ihr Dasein hinbringt, merkt nichts von etwa grün gebliebenen Wiesen unten in den Tälern. Seit aber der Skisport das Krickelwild aus seinen naturgemäßen Winteräsungsgebieten, den sonnigen Südlagen, vertrieben hat, tritt dies noch weit spürbarer in Erscheinung. Jeder Gamsjahrling hat eine harte Erprobung seiner Lebenskraft bestanden. Nicht wenige seiner Altersgenossen und Sommergespielen sind auf der Strecke des eisbärtigen Königs geblieben. Die noch härtere Probe steht ihm bevor, wenn er ohne eng verbundene Führung, wärmespendende Körpernähe und ohne die in spärlichen Tropfen langsam versiegende heiße Milch der Mutter den zweiten Winter seines Lebens bestehen muß. Das richtig zu ermessen, erscheint mir wichtig, denn es sollte den Heger dazu veranlassen, jährige und zweijährige Gams ganz vom Abschuß auszunehmen. Unter den Jahrlingen trifft der Winter seine Auslese besser als der erfahrenste Jäger, und gerade deshalb ist es um der Rasse willen wünschenswert, daß nur er es tut. Die Zweijährigen aber, die danach übrig bleiben, haben mit der überstandenen Belastungsprobe ihre Qualifikation erbracht, Träger späterer Gamsgeschlechter zu sein.

Ganz abgesehen davon ist das Heraussuchen einens geringen Jahrlings aus der Schar kein leichtes Unterfangen. Die Junggams im zweiten Lebensjahr halten sich meist noch nahe bei ihren Müttern auf, auch wenn diese schon wieder ein Kitz führen und sich wenig um ihren Nachwuchs aus dem Vorjahr kümmern. Was die Kitze schon im ersten Sommer oft tun, nämlich sich zu mehreren spiel- und unternehmungsfreudig selbständig zu machen und vom Rudel zu entfernen, tun Jahrlinge fast nie. Und es fällt bei noch jungem Wild schwer, eine Auswahl der Stärke nach zu treffen, wenn man keine oder nur geringe Vergleichsmöglichkeiten hat.

Was aber soll man schießen, um den anscheinend unumgänglichen Abschuß, vor allem den von weiblichem Gamswild, richtig zu erfüllen!? Ich hörte neulich einen sich für sehr aufgeklärt haltenden Jagdherrn sagen: „Bei mir werden nur Gams geschossen, die unter drei- und über zwölfjährig sind."

Ein großes und kühnes Wort fürwahr, das ich mir aber nicht zur Richtlinie nehmen möchte! Weshalb man ein- und zweijährige Junggams möglichst schonen sollte, habe ich soeben ausgeführt. Und was den löblichen Vorsatz der Zwölfjahresgrenze nach unten für den Abschuß der ausgewachsenen, man darf sagen alten Gams anbelangt, so hat dessen Ausführung (ganz abgesehen von der Unmöglichkeit eines aufs Jahr genauen Ansprechens des Gamsalters) seine zwiefache bei Böcken und Geißen verschiedene Schwierigkeit.

Die für das gesamte Alpengebiet im Durchschnitt errechnete Höchstaltersgrenze der Gamsböcke liegt bei 15 Jahren, die der Geißen um rund 25 Prozent höher. Schon aus dieser sorgfältig erarbeiteten Statistik ergibt sich, daß nicht jeder Gamsbock sein dreizehntes Jahr erlebt. Schwere Schneefälle zu Ende des Monats November, ein früh einsetzender, strenger Winter verschulden sehr oft das Eingehen von Böcken, die am Ende der Brunft abgetrieben und abgekommen davon überrascht werden. Man hat behauptet, daß dies nur in Revieren vorkomme, in denen der Bestand an weiblichem Wild zu hoch sei. Bei einer Überzahl an Böcken ist der Brunftbetrieb aber nicht minder anstrengend, noch viel bewegter und unruhiger für die Platzböcke. Aufgrund der von mir während vieler Gamsbrunften gemachten Beobachtungen glaube ich übrigens nicht daran, daß ein Platzbock sämtliche in einem großen Rudel beisammenstehende Geißen selber beschlägt. Ich habe oft und oft beobachtet, daß die Beiböcke mit fortschreitender Brunft schließlich nahezu kampflos, auf Seitenwegen sozusagen, zu ihrem Anteil gekommen sind.

Ich lege, wohl wissend, daß sich anderwärts die Termine verschieben, in dieser Abhandlung die hiesigen Gezeiten zugrunde. Der Beginn der Gamsbrunft fällt in unseren nördlichen Alpenrandgebieten etwa mit Allerheiligen zusammen. Der Platzbock ist, zumal bei tiefem Schnee oder auch bei anhaltender Warmwetterlage, schon ab Mitte November nicht mehr Herr des Harems, räumt das „Große Feld" und steht dann mit einem kleinen Teil seiner Schar (zwei bis vier Geißen etwa) abseits. Es hindert ihn dies nicht (genau wie zu Ende der Hirschbrunft die Althirsche), ab zu zu, durch Rasttage erholt, als „Rächer Odysseus" für kurze Zeit in sein Reich zurückzukehren.

Wenn man schon davon spricht, und damit komme ich auf jenes oben zitierte Prinzip zurück, außer Junggams nur Gams über zwölf Jahre zu schießen, dann muß man zumindest den Versuch machen, klarzustellen, was „Platzbock" innerhalb eines Gamsbestandes bedeutet.

Bartböcke

Als sich in Aschau, ohne daß dies in den ersten Jahren bemerkt wurde, der Gamsbestand auf der Westseite des Tales früher einsetzend als auf der Ostseite etwa ab Ende der zwanziger Jahre rapid verminderte, war den Forstbeamten und dem Jagdpersonal noch ein unveränderter Abschuß von sage und schreibe 14

Bartböcken zugeteilt. Mein Vater, seine Gäste und später auch ich mußten sehen, was uns daneben noch zufiel. Der Gedanke einer Bonitätsunterscheidung nach Klassen und Altersklassen war damals noch nicht geboren. Die wackeren Männer unseres Forst- und Jagddienstes waren (auch wenn ihre diesbezüglichen Wünsche nicht immer in Erfüllung gingen) nur an Böcken allererster A-Klasse mit möglichst einträglichen Riesenbärten interessiert. Aus Gründen, die hier auseinanderzusetzen zu umständlich wäre, mußte der größere Teil dieses sogenannten „Deputatabschusses" auch noch auf der westlichen Talseite erfüllt werden. So ergab es sich, daß dort, mit Ausnahme derjenigen Revierteile vielleicht, in denen dem Personal die Jagdausübung untersagt war, die sogenannten Platzböcke schließlich nur selten älter als fünfjährig waren.

Als elfjähriger Bub kam ich einmal zusammen mit meinem Erzieher ins Zerwirkgewölbe, wohin ich zu den Hauptjagdgezeiten öfters unsere pflichtgemäßen Spaziergänge unter vom Mentor meist durchschauten Vorwänden zu lenken wußte. Weil jene Zeit von gediegener Gastronomie weit mehr als die gegenwärtige verstand, gab es im Zerwirkraum keine eisernen Fleischhaken. Ein grober, mit weißer Ölfarbe dick gestrichener Balken, in den vorne schwach aufgebogene geschälte und scharf zugespitzte Fichtenäste, zwölf an der Zahl, einer am anderen eingesetzt waren, diente als Aufhängrechen. Man wollte das Wildpret so wenig wie möglich mit Metall in Berührung bringen. An diesen Zapfen hängte man auch die Gamsböcke mit den Krucken auf. Und damals hing nun wahrhaftig an jedem von ihnen ein Gams. Zwölf gute Böcke! Sie waren samt und sonders von den Jägern und Forstbeamten erlegt. Das wollte mir, der ich wußte, daß mein Vater in jenem Jahr zwei Gamsböcke geschossen hatte, damals schon nicht recht eingehen. Aber wenigstens gab es zu der Zeit, und zwar überall im weiten Bergrevier, noch Gams in Hülle und Fülle. Trotzdem waren die Gepflogenheiten von damals, denen der vom galoppierend sich entwickelnden Wintersport verursachte Rückgang des Gamsbestandes schließlich ein Ende bereitete (das „Halt" wurde überdies auch noch zu spät geblasen) und das dadurch sich teilweise ergebende Verhältnis der Angestellten zu den Interessen des Dienst- und Jagdherren nicht gesund.

Da war ich einmal in meinem ersten Universitätsjahr mit einem meiner zu der Zeit liebsten Begleiter, dem kleinen, rotspitzbärtigen Jagdaufseher Lindner, ins frisch und tief verschneite Gamsgebirg hinaufgestiegen. Mein Vater jagte damals noch, seine Ankunft stand bevor, und weil seine Leibgehege tabu waren, hatte ich einen verhältnismäßig begrenzten Aktionsradius und insofern nicht allzu gute Chancen, als die Gams am ersten Sonnentag nach schwerem Schneefall nur sehr zögernd auf die freien Almen (und die herrschten dort vor) hinausziehen. Wir entdeckten schließlich in einem schlecht zugänglichen Gewänd ein von einem passablen Bock umkreistes kleines Rudel. Nach langem Schneetreten steil bergan waren wir auf einen für meine damals noch geführte Büchse sehr weiten Schuß am Wild, und ich fehlte auch prompt meinen Bock. Aber dieser Fehlschuß war mir ausnahmsweise zum Heil. Durch den Aufschlag der Kugel auf einem Felsen wurde das Rudel flüchtig, und zwar abwärts, so daß es näher zu uns her kam. Es war auch auf einmal keine kleine Schar mehr, sondern es entwickelten sich immer mehr Gams hinter Fichtengruppen hervor und aus Latschenbeeten, Gräben und Runsen heraus, und auf einmal war auch ein zweiter Bock bei dem groß gewordenen Rudel, und der war ein ganz besonders Guter. Die Gams blieben in unruhiger Bewegung, so daß ich – einen zweiten Fehlschuß wollte ich mir nicht leisten – zunächst keine Kugel mehr los wurde. Wir hatten aber, nachdem die ganze große Gesellschaft in ein gut einsehbares Felswaldgebiet hineingezogen war, ein leichtes Anpirschen – und – wirklich und wahrhaftig – ich schoß den Hauptbock, der damals mein mit Abstand bester war.

Die Elandalmhütte, wie sie sich in den vierziger Jahren darbot

Nach dem Schuß entstand unter den vielen zuvor schon beunruhigten Gams ein großes Durcheinander, wobei abermals eine alte Kitzgeiß statt von uns weg direkt auf uns zu flüchtete. Ihr folgte blädernd und völlig sorglos jener zuvor von mir gefehlte zweite Bock. Er kam bis auf 60 Schritt zu uns hergezogen und umkreiste im langsamen Stechschritt die unschlüssig stehenbleibende Matrone. Auf diese nahe Entfernung schaute er sich, beim Samiel, schon ganz anders an als zuvor. „Passabel“ war jetzt nimmer das richtige Wort für ihn. Die Krucken waren nicht hoch, aber mordsstark, mit eher kleinen als großen, aber scharf und lang gehakelten Bögen, und vor allem war dieser Bock von einer Bärtigkeit, wie ich sie im Lauf meines Gamsjägerlebens, glaube ich, nie wieder gesehen habe. Das wachelte und wackelte und wallte nur so den ganzen Rücken entlang, so daß er doppelt so breit erschien als bei einem anderen Gams. Sogar an den klobigen Läufen sträubten sich barthafte lange Haare. Ich erkannte wohl am gesamten Habitus und an dem im Verhältnis zu solcher Zottigkeit geringen Pinsel, daß der Bock nicht alt sein konnte. Trotzdem – damals vermochte ein so besonderer Bart mich noch zu beunruhigen – war ich von schwerer Versuchung bedrängt, auch diesen Bock noch zu schießen. Ich schielte zum Lindner zurück, der, dicht hinter mir sitzend und sein kleines, feldgrau lackiertes Militärglas fest vor die Augen haltend, ganz in den Anblick des Bockes versunken zu sein schien.

„Sollt' mer'n net noch mitnehmen den!?" fragte ich zwischen den Zähnen halblaut zu ihm hinüber. Ganz erschrocken nahm er seinen Gucker von den Augen und starrte mich an:

„Den!? Na, na, den derffas net derschiassen. A vierjahrig's Böcki, ewig schad a den!"

„Ach woher!" antwortete ich ärgerlich, während Geiß und Bock, ohne etwas gemerkt zu haben, sich von uns weg gemächlich in Bewegung setzten.

"Wir haben ihn doch vorhin lang angeschaut. Der älteste ist er grad nicht, aber ein guter Bock – und dieser Mordsbart!!"

„Ah, des werd aber der G'feite net sei, der moan i sei scho über d'Wänd auffa." Dieser komische Konjunktiv war feste Gegebenheit in des Lindners Sprechweise.

"A vierjahrig's Böcki, ewig schad war den!" Irgend etwas gefiel mir nicht an dem ein wenig gar zu eindringlich mentorhaften Ton des Jägers. Er redete mir sonst kaum je hinein, war alles eher als wortreich und weiterer Beute nie abgeneigt, auch wenn schon etwas geschossen war. Durch meinen jahrelangen damals gerade erkrankten Begleiter, den immer skeptisch bremsenden Förster Steiner, war ich in der Hinsicht nicht verwöhnt, und das war vor allem der Grund, weshalb ich besonders gern mit dem Lindner ging.

Unschlüssig und unzufrieden sicherte ich schließlich meinen Stutzen. Vierjährig war dieser Bock bestimmt nicht, aber hier im Herzen des Reviers durfte er stehenbleiben und würde mir hoffentlich übers Jahr oder später wieder begegnen. Und schließlich – der hochkruckige Hauptbock blieb mir!

Ich mußte anderntags in die Stadt zurück, und das paßte dem Lindner, der sonst kein Unrechter war, gut in seine finsteren Pläne. Noch ehe der Tag graute, brach er dahin auf, wo er das Rudel vermutete, und das „vierjährige Böcki", um das es so „ewig schad" gewesen wäre, überlebte seine Begegnung mit mir nur um knappe 20 Stunden. Der Bock war siebenjährig. Ich erkannte die neben anderen auf dem langen Kartentisch der Forstverwaltung zur Begutachtung aufliegenden Krucken sofort an ihren sehr umfangreichen Schläuchen und der guten Hakelung. Auch sonst erhielt ich bestätigende Kunde. Voll tiefen Kummers hatte der Lindner seinem Vorgesetzten, dem Förster Steiner, eine jener damals für gebündelte Stumpen noch üblichen zweistöckigen, also nicht flachen Zigarrenkisten randvoll mit herrlichsten kohlpechrabenschwarzen Barthaaren vorgewiesen.

„I glaub meiner Leben hab i noch nia so viel Haar von an oanzinga Bock g'sehn", sagte mir der Erfahrene, „und net oans, net an oanzigs hat des kloanste Spitzerl Reif g'habt. So blind war der Bart, wiar a Nachteuln bein Tag!"

Hier waren Gier und Falschheit, ja man kann schon fast Unehrlichkeit sagen, ausnahmsweise sofort bestraft worden. Ich brauchte meinerseits nicht viel mehr dazu beitragen. Als ich kurz vor Weihnachten in Vertretung meines Vaters die Krucken herausgab, beschränkte ich mich bei der Überreichung an den Lindner auf wenige Worte:

„Da hams Ihr vierjährigs Böcki. Ich hab's schon gehört, was für einen Bart er gehabt hat. Ist Ihnen recht gescheh'n!" Aber auch diese kurzen Sätze habe ich bald bereut, denn schon zwei Jahre später starb der kleine Lindner, der „Heinzelmann", wie ich den sonst immer mit Treue und Eifer auf mein Waidmannsheil bedachten Begleiter nannte, an einem durchgebrochenen Magengeschwür. Da schaut sich dann alles doch wieder anders an. Der Bart seines Lebens sollte es sein, eines vom Glück nicht allzu reich beschenkten kurzen Lebens. Aber freilich, der Schritt ist dann nimmer groß zu einer Rehkrone, Gamskrucke oder gar zum Lebenshirsch, den zu hüten er bestellt ist, den zu bewahren Verträge ihn binden.

Das ist nur eines der zahlreichen Geschichtchen, die ich über die Folgen zu locker gehandhabter Zügelführung bei der Zuweisung von Deputatabschüssen erzählen könnte.

Platzböcke

Zurück jetzt zu den Platzböcken. Bezüglich ihres Alters von Relativität zu sprechen, ist nur insoferne zulässig, als man völlig falsche Abschüsse über längere Zeitabschnitte in die Rechnung einbezieht. In Petermanns Jagdbuch, jener hübschen Sammlung von zum Teil noch aus der Biedermeierzeit hervorgegangenen Witzen rund um das jägerische Leben herum findet sich auch der Dialog zwischen einem jagdlichen Laien und einem Berufsjäger:

„Wie alt wird eigentlich so ein Hirsch?"

„Ja, des kommt ganz drauf an, wann er g'schossen wird."

So ähnlich ließe sich auch die Frage nach dem Alter der rudelbeherrschenden Gamsböcke beantworten: Es kommt ganz darauf an, wie alt man seine Böcke im Durchschnitt werden läßt. Aber das ist es nicht, was man wissen will und worum es geht. Platzbock, Platzhirsch und (soweit diese Bezeichnung bei einer Schalenwildart, die keine Brunftrudel bildet, berechtigt ist) Platzrehbock ist immer das männliche Stück in der Vollreife. Vollreife aber bedeutet Vollausgewachsensein. Der Hirsch erreicht die untere Grenze dieses Stadiums, meiner Erfahrung nach, wenn er das achte Geweih trägt, der Rehbock, wenn er seine vierte Krone geschoben hat, und der Gamsbock, wenn er sechsjährig, das will heißen, im siebenten Jahr ist. Mit diesen Altersstufen ist so etwas wie eine höchste Plattform der Lebenskraft erreicht, und auf ihr behaupten sich Rehbock, Gamsbock und Hirsch (ich weiß, daß man bei keiner dieser drei Wildarten die Abgrenzungen ganz genau umreißen kann) rund ¾ der Zeit, die sie gebraucht haben, sie zu erreichen. Also bleibt der Hirsch etwa durch 6 Jahre (bis er das dreizehnte Geweih abwirft) auf der Höhe seiner züchterischen Kraft, der Rehbock gut drei Jahre, bis er die sechste, allerlängstens bis er die siebente Krone abgeworfen hat, und der Gamsbock bis zur Vollendung seines zehnten Jahres. So jedenfalls glaube ich es nach nahezu fünf Jahrzehnten des Beobachtens und Erfahrens beurteilen zu dürfen. Es gibt Ausnahmen von jeder Regel. Aber innerhalb dieses Gebietes verursacht, wie ich dies oben schon ausgesprochen habe, eigentlich nur die nicht richtige Zusammensetzung eines falsch beschossenen Bestandes solche Abweichungen. Wenn (um dies nur an einem Beispiel klar zu machen) aus mehreren Jahrgängen zu viele gute Hirsche abgeschossen wurden, so daß ausgesprochene Lücken entstanden sind, dann beherrscht (zumindest während der ersten zehn Brunfttage) mangels des durch ebenbürtige Rivalen entstehenden Ausgleiches ein schon überständiger Althirsch große Rudel. Der Rückschluß aber, er befände sich noch auf der Höhe seiner Kraft, wäre falsch.

Der Gamsbock dürfte seine kraftvollste Zeit, so schätze ich, etwa im neunten Jahr haben. Ein nicht unerfahrener Gamsjäger, der aber, was das Gamswild anbelangte, mehr geschossen als gehegt und beobachtet hatte, sagte mir, er habe manche Dublette auf sich treibende Gamsböcke gemacht und dabei ein paarmal zu seinem Erstaunen festgestellt, daß der Vordere, der Gejagte also, der bessere und ältere Bock war.

„Es scheint so zu sein“, meinte er, „daß bei den Gamsböcken

immer der Reißaus nehmen muß, der bei der Begegnung zufällig gerade tiefer steht, also von oben angegriffen wird und dabei Gefahr läuft abzustürzen."

So erklärte er es sich. In Ausnahmefällen mag das zutreffen. Die eigentliche Ursache des nur scheinbaren Widersinns, daß ein Besserer von einem weniger Guten ausgeteufelt wird, ist aber in der Tatsache des ziemlich rapiden Kräfterückgangs beim alten Gamsbock zu suchen. Der wird ihm schon nach längstens zwei Brunftwochen spürbar und veranlaßt ihn, seinem Sichmessen mit Jüngeren aus dem Wege zu gehen.

Daß die Brunft für den Gamsbock, und gerade für den platzhaltenden guten, anstrengender ist als für die männlichen Stücke der anderen bei uns heimischen Schalenwildarten, unterliegt keinem Zweifel. Auch die Vollkräftigen halten deshalb nicht bis zu allerletzt bei den großen Rudeln aus, und so wird es selbst in Revieren mit reichem und nach richtiger Auswahl beschossenem Bockbestand nur ausnahmsweise möglich sein, zu Ende November noch einen Starken oder gar einen Altbock beim Rudel anzutreffen. Die Sieben-, die Sechs-, vielleicht sogar die Fünfjährigen umkreisen alsdann die nimmer zahlreichen noch nicht beschlagenen Geißen. Entdecken aber die suchenden Linsen des Glases zu dieser vorgerückten Zeit einen abseits niedergetanen oder eifrig äsenden Bock, dann ist er als wahrscheinlich schon in den Ruhestand getretener Älterer oder Alter meist näheren Anschauens wert.

Ganz ausgeschlossen ist es indes nicht, daß der schon abgesonderte und müd ruhende, bejahrte Bock noch einmal dazwischenfährt, wenn ihm das erregte Blädern treibender Jungböcke an die Lauscher und der Duft einer von ihm bedrängten hochbrunftigen Geiß in den Windfang schlägt.

Ich hab das mehrmals miterlebt, und einmal auf recht besondere Weise. Es war zu der Zeit, da ich mit vom staatlichen Forstamt zu mir herübergeschobenen Jagdgästen der amerikanischen Besatzungsmacht reich bedacht wurde, so reich, daß auf der von mir zugepachteten Jagd für mich selber kein Abschuß an Gamsböcken übrigblieb. Und da hatte es sich begeben, daß zwei dieser Gäste erst spät im November gekommen und trotz ziemlich hohen Munitionsverbrauches ohne Beute wieder abgefahren waren.

Nach dem Grundsatz „schnell, eh die Brandung wiederkehrt ..." stieg ich gleich nächsten Tages zu Berg, um mir, wenn irgend möglich, die beiden nun immer noch auf dem Abschußplan stehenden Böcke selber zu holen. Es war gar nicht leicht, die Pirsch so zu planen, daß sie nicht durch frisch beunruhigte Gebiete führte. Während der Nacht hatte es geschneit, und ich war angenehm überrascht, schon gegen 11 Uhr auf freier Alm einen inmitten seiner eifrig äsenden kleinen Schar in besonnter Schläfrigkeit ruhenden gut jagdbaren Bock zu entdecken. Näherpirschen und schließliches Ankriechen in einer flachen Almmulde gelang, und nach kurzem Verschnaufen schließlich auch der etwas weite Schuß.

Achtjährig war der Bock, bärenstämmig im Rumpf, mit niedrigen, engstehenden, aber sehr kräftigen Schläuchen. Das aber stellte ich nicht sogleich fest. Erst mußte ich abwarten, bis das Rudel, das sich über die Richtung, aus der es gekracht hatte, nicht klar wurde, immer wieder unschlüssig verhoffend nahebei durchgewechselt war. Schon hatte die Leitgeiß die rechts und etwas über mir verlaufende Schneid erreicht und schickte sich an, in das jenseitige Gewänd hinunterzusteigen, als ein zweiter Bock, dessen Herankommen ich, durch den Anblick der an mir vorbeidefilierenden fünf oder sechs Geißen abgelenkt, übersehen hatte, halb beunruhigt, halb gierig, und jedenfalls des Eifers voll, dem Rudel nachflüchtend auf etwa 50 Meter vor mir auftauchte. Beim allerersten Hinschauen und Erkennen schlug mir eine heiße Welle bis in die Kehle herauf. Was hatte denn der für Krucken oben?! Mittelhoch zwar nur, aber so stark, wie ich noch nicht viele gesehen hatte, mit mordsgroßen, schön aufgeschwungenen und scharf, fast wieder einwärts gehakelten Bogen! Man hätte diese Krucken bei nur etwas mehr Höhe kapital nennen dürfen. Aber das „wilde Jägerblut“ beruhigte sich gleich wieder, als ich mit dem zweiten Blick die Figur des Bockes maß. Er war ausgesprochen klein, schwarz wie Steinkohle, nahezu ohne Bart und Pinsel. Die Maske wirkte nicht weiß, sondern gelblich, wie angebräunter Meerschaum, die Läufe waren oberhalb der Schalen bis weit herauf lichtbraun. Ein richtiger Beau war er, und – darüber gab es keinen Zweifel – vierjährig. Viel Zeit ließ ich mir nicht, ihn zu bewundern und zu schätzen. Nach nur einmaligem kurzem Verhoffen folgte er mit vor Begierde halb offenem Äser und in merkwürdig leichtläufigem Schaukelgalopp dem entschwindenden Rudel. Eine Minute später war auch er über die Schneid hinübergetaucht.

Nach einer Mittagsrast zu Seiten des friedlich im Schnee ruhenden Platzbockes pirschten wir im hinter wieder leicht bezogenem Himmel matt und wässerig gewordenen Sonnenschein bei nur geringem Anblick in einer großen Schleife der Schneid entlang zu benachbarten Almen und Karen hinüber und von dort schließlich steil abwärts gegen den ins Tal führenden Holzabfuhrweg hinunter. Unser Steig führte an einem tief eingeschnittenen ziemlich wilden Graben vorbei, dessen eine Wand bewaldet, dessen andere schroff felsig und nur teilweise von dichten Latschenbeeten durchwuchert war. Hier hatte einer der beiden Amerikaner etwa sechs Tage zuvor ein gar besonderes Erlebnis gehabt. Er saß auf einem bewährten Platz herüben im Wald, und nach einiger Zeit kamen drüben zwei starke Böcke durchs Gewänd gefegt. Der Verfolgende war seinem Rivalen, der ihn aus irgendeinem Grund besonders erbost zu haben schien, schon sehr nahe auf den Keulen, als der plötzlich einen Haken schlug und sich senkrecht über eine Wand hinunterwarf. Unter dieser Wand befand sich anscheinend so etwas wie eine durch Felsüberhang gebildete Höhle mit länglichem, sehr niedrigem Eingang. In sie schliefte der Bedrängte hinein. Er mußte sich zu diesem Zweck ganz klein machen und fast auf die Seite legen. Die beiden begleitenden Jäger sahen, wie er dabei seine Hinterläufe nachschiebend im Gestein einspreizte.

Oft und immer wieder habe ich mich von der Fährtensicherheit und gleichzeitigen Hartnäckigkeit des einen anderen Bock oder eine brunftige Geiß verfolgenden Gamsbockes überzeugt. Es gibt da kein Täuschen und Entrinnen durch Widergänge und seitliche Absprünge. Auch in diesem Fall fand der zweite Bock nach kurzem Stutzen und Kreisen die Fährte des Verschwundenen, die ihn an den Höhleneingang führte. Und hier nun begann ein ebenso merkwürdiges wie grausames Spiel. Die felsüberdachte Höhlung war anscheinend ziemlich seicht, und der sich gleichfalls jetzt ganz niedrig machende Verfolger fuhr mit dem Haupt in das Versteck und hakelte wütend an dem anderen herum, der keine Ausweichmöglichkeit mehr hatte und laut zu klagen anhub. Jetzt aber eröffnete der Amerikaner, der das Ganze gesehen und richtig erfaßt hatte, sein durch die große Aufregung nicht sehr glückhaftes Feuer. Den beiden Böcken aber wurde es zum Heil. Rechts, links, oberhalb und unterhalb des in ständiger Bewegung befindlichen Wildkörpers schlugen die Kugeln ins aufstaubende Gestein. Der Beschossene, dem wahrscheinlich ein paar Steinsplitter an die Schlegel gespritzt waren, ließ schließlich vom Gegner ab und ging flüchtig.

Eine genaue Nachsuche anderen Morgens ergab, daß wohl keinem der zwei etwas fehlen konnte. In der Höhle und deren Umgebung fand sich kein Wundzeichen, auf dem Schnee kein Tropfen Schweiß und auch nirgends ein größeres Büschel ausgehakelter Schnitthaare. Daß dem geforkelten Bock nichts fehlte, war damit allerdings nicht voll verbürgt. Bei solchen Angriffen von unten her wird zuweilen die Bauchdecke von der Hakelspitze durchstoßen, ohne daß hierbei ein Blutgefäß getroffen wird. Das kann, wenn das Gescheide unverletzt geblieben ist, sich ausheilen, kann aber auch das Eingehen des Stückes nach tagelangem waidwundem Kranksein verursachen. Aber was soll und kann man mehr tun in einem solchen

Fall, als nachschauen und mit dem Hund ein Stück weit den Fährten folgen?!

Um es ehrlich zu sagen: Dem besseren dieser beiden Böcke halber hatte ich meine Pirsch damals so eingerichtet, daß sie rund um seinen Einstand herumführte. Ich kannte ihn schon vom Vorjahr her und hatte ihn auch in dieser Brunft einmal flüchtig gesehen. Ein Hauptbock war's in jeder Hinsicht. Seine Farbe war ziemlich hell, beinahe dachsgrau, mit breitem, rußschwarzem Bartstreifen am Rücken. Die Krucken wirkten ihrer Massigkeit und nur mäßigen Auslage halber gedrungen, dürften aber dennoch an die achtzehn Zentimeter hoch gewesen sein. Am auffallendsten aber waren Länge und Dichte des Pinsels. In meinem ganzen Gamsjägerleben habe ich kaum mehr als zwei oder drei so unübersehbare, wie ein scharzer Zwergenbart herabwallende Abzeichen der Männlichkeit an Böcken gesehen. Es wäre mir (die Heiligkeit des Gastrechtes in Ehren!) nahe gegangen, wenn ausgerechnet diesen meinen schon seit Jahresfrist Erkorenen ein Amerikaner auf seinem Jeep verstaut aus unserem Tal hinausgefahren hätte.

Der gamserfahrene Förster Pfaffinger freilich hatte mir schon beim Weggehen unten im Tal gesagt, daß verschiedenen von ihm beobachteten Anzeichen nach die Brunft so gut wie vorbei sei. Meine Aussichten, mit dem Gesuchten zusammenzutreffen, waren nur sehr gering.

Auf demselben Platz, von dem aus der Amerikaner sein Magazin leergeschossen hatte, setzten wir uns – der kurze Novembertag ging zur Neige – noch eine Weile an. Und hatten uns noch nicht richtig niedergelassen, als wir drüben in den Wänden Steine gehen hörten und nach kurzem Herumtasten mit den Gläsern ziemlich weit oben, von uns an die hundertachtzig Meter entfernt, zwei Böcke einander umhertreiben sahen. Es hatte inzwischen wieder angefangen dünn zu schneien, und so brauchten wir längere Zeit, um sie als gute Mittelböcke (einer von ihnen hatte eine bemerkenswerte Auslage) anzusprechen. Etwas für die Kugel waren beide nicht. Ein wenig oberhalb von ihnen äste ein einzelnes hochkruckiges Gams, der Figur nach sicher eine Geiß, eifrig auf einem überschneiten Grasband. Sie tat so, als ließe sie das kindische „Fangemandl" ihrer Freier völlig unberührt.

Jetzt wollte einer von den beiden Böcken, einen günstigen Moment nutzend, zur Geiß hinaufsetzen, aber der andere durchschaute seine Absicht und trachtete ihm den Weg abzuschneiden. Darüber entstand eine kurze wilde Jagd und Gegenjagd in die Wand hinauf und jählings wieder hinunter, Geröll rieselte, Steine knallten, zuweilen drang sogar das Blädern der zwei Böcke bis zu uns herab. Und da stand auf einmal, kaum achtzig Meter rechts von den Treibenden, mitten in einer Wand ein viertes, ziemlich helles Gams, das man seiner Statur nach auch ohne Glas als Bock erkannte. Wieder fingen mir die Pulse an zu schlagen, indes ich durchs Doppelglas nach dem Pinsel des Neuankömmlings schaute. Das Ansprechen war, obwohl er frei stand, jetzt nimmer gar so leicht. Das Schneetreiben hatte zu-, das Tageslicht abgenommen. Aber ich sah gleich den Pinsel, den schwarzen Bart eines der sieben Zwerge. Er hob sich deutlich ab vom weiß bestäubten Gefels.

Was nun abrollte, ist mir nimmer bis in alle Einzelheiten gegenwärtig. Ich meine, der Neuangekommene fuhr zuerst auf die beiden umeinander herum balgenden Böcke los. Ohne größere Respektbezeugungen wichen sie ihm aus und verschwanden in einem aus Fichten und Buchstauden gemischten Alpenwaldstreifen zur Linken. So auch tat die Geiß und zog ihrem Grasband entlang steifläufig, ohne Eile zwar, aber stetig, dem nächsten Latschenbeet zu. Der Starke zeigte keine Neigung zu folgen, drehte um und flüchtete nach rechts, in die Richtung, aus der er vermutlich gekommen war, zurück. Plötzlich aber bremste er ab und verhoffte in hoher Angespanntheit aufwärts in die Latschen hinein, so daß man nun von hinten die ganze Länge seiner scharf eingebogenen Hakelspitzen sah. In diesem

Augenblick hätte der Schuß fallen müssen. Aber der Schnee hatte mir die Linse des Zielfernrohres binnen weniger Sekunden derart getrübt, daß ich sie – die Entfernung war weit und die Sicht nimmer gut – nochmals trockenwischen mußte. Die kurze Verzögerung genügte, mich der guten Chance wieder verlustig werden zu lassen.

Mit durchaus nicht müden, sehr schnellen und federnden Fluchten setzte der Bock über die freie Wand hinauf und fuhr in die Krummäste hinein. Er war noch kaum darin untergetaucht, als ein gleichfalls guter, aber ganz schwarzer Bock seitlich aus den Latschen herausspritzte. Und nun begann auch hier die erbitterte Jagd: abwärts, wieder aufwärts, kreuz und quer, durch felsige Gräben, über Steinriesen hinweg und durch Latschennester hindurch. Fort und fort folgte das Absehen meines Büchsenfernrohrs dem massigen Körper des Dachsgrauen, der nimmer stehenblieb. Aber dann endlich, das Abnehmen des Lichts wurde immer bemerkbarer, fuhren beide Böcke von unten her in einen nicht einsehbaren, kaminartigen Graben hinein. Der Schwarze kam alsbald wieder aus ihm herausgeturnt und verschwand in langen Fluchten schräg nach links. Drei Sekunden später erschien auf dem gleichen Felsenabsatz, dessen er sich beim Aufstieg bedient hatte, sein Verfolger und verhoffte. Jetzt galt es, das war die allerletzte Möglichkeit! Der Bock stand fast spitz zu mir her, äugte nach hinten. Ich lag schon in sicherem Anschlag und brauchte nur zwei Herzschläge lang zum Zielen. Mit dumpfem Donnerschlag rollte der Schuß in den Graben, und droben der Bock rutschte jäh in sich zusammen, walkte mit abgespreizten Läufen herab, überschlug sich und stürzte in die Latschen hinein.

Oh, großes Jägerglück, seliges tiefes Aufatmen nach so viel banger Angespanntheit! Die Nacht drängte schon aus dem Tal durch den Graben herauf. Wir wollten das letzte Licht nützend den Bock schnell noch bergen. Der Wolfgang stieg allein hinauf, indes ich dem Adolf, dessen Sehkraft, zumal bei schlechtem

Licht, damals schon nachließ, das Vorgefallene erklärte und er sich die Pfeife, ich mir eine „Amerikanische" anbrannte. Der Wolfgang blieb nicht lange aus. Schon nach einer knappen Viertelstunde kam er den Quersteig entlang, der etwas unterhalb der Stelle, auf der wir warteten, den Graben verläßt. In der Linken hielt er einen Latschenbruch, mit der rechten schleifte er den noch nicht aufgebrochenen Bock hinter sich her. Der Dämmerung halber bemerkte ich die betretene Miene des Jägers erst, als er auf zwei Meter heran war. Machen wir's kurz: Ich hatte anstatt meines Hauptbockes den vierjährigen Gamsjüngling geschossen, der am Vormittag drüben auf der Tristmalenalm in voller Jugendschönheit an mir vorbeigeflüchtet war.

Wir konnten es uns nur so erklären, daß in eben jenem kaminartigen Graben, von uns ungesehen, eine Geiß oder sonst ein schwächeres Gams gestanden und vor der wilden Jagd der Böcke Reißaus genommen hatte. So mußte ich den dahinter auftauchenden Verfolgten für den Verfolger halten. Der Teufel hatte das so eingefädelt. Ich konnte mir keinen auch nur halbwegs schwerwiegenden Vorwurf machen, aber so wütend enttäuscht war ich, daß ich den wohlgemeinten Bruch des Wolfgang im weiten Bogen von mir schleuderte. Weitere Kritik überlasse ich denjenigen immer besonders wachsamen Lesern, die auf selbsterstiegenem pädagogischem Postament stehen.

Erzählt habe ich die Geschichte an dieser Stelle hauptsächlich deshalb, weil sie ein Beispiel ist für das von mir mehrmals beobachtete ausnahmsweise Wieder-zum-Rudel-Treten abgebrunfteter, von der großen Schar schon abgesonderter Altböcke.

Trotzdem möchte ich einem Gamsjäger, der auf einen guten und bejahrten Bock Wert legt, den Rat geben, schon während der ersten zwei Brunftwochen sich ihm zuliebe auf den Weg zu machen. Die später bei den Rudeln stehen oder sich gar treibend und rankelnd um sie herumtreiben, haben zumeist die Mitte ihres Lebens noch nicht überschritten, was so viel heißen will, daß sie zwischen fünf und sieben Jahre alt sind.

Geißen und starke Böcke

Vor einigen Jahrzehnten etwa zog ich in der letzten Novemberwoche zu einer großzügig geplanten Ganztagesgamspirsch aus, und zwar – weil ich mein Teil in diesem Jahr schon hatte – ohne Schießabsicht. Das heißt: die eine oder andere mit Ruhe ausgesuchte Altgeiß hätte ich schon noch mitgenommen, keinesfalls aber noch einen Bock. Außerdem brauchte ich ein Stück Rotwild für das Jagdessen der Gemeinde an St. Kathrein. – „Kathrein stellt den Tanz ein." So ist's nach guter Bauernart in unseren Gebirgstälern der Brauch. Von dem Tag an, der im christlichen Kalender ihren Namen trägt, der 25. November ist es, wird bis zu den Weihnachtsfeiertagen nimmer getanzt. Am Katharinentag selber aber darf man seinen Landler noch drehen, und so erwählt man ihn oft für ein letztes frohes Fest vor dem stillen Advent. Wie reich, wie innerlich und zugleich wie kunstvoll wußten doch die ländlichen Menschen ihr Jahr zu gestalten, zu bereichern, all seine Gezeiten mit dem immergrünen Gewinde aus Religiosität und Naturnähe zu umkränzen!

So wie es keine Kunst gibt ohne Gebundenheit und Beschränkung, so auch keine Lebensart, kein Erblühen der Seelen, kein Glück. Wenn wir das bedenkend derzeit um uns schauen, so wird es noch deutlicher, was für eine Hölle alle innerlichen Werte menschlichen Lebens bedroht.

Wenn einer aber jägerisch zu Berg steigt, dann muß er sich die Kunst angeeignet haben, die Gedankenlast der Niederung abzuwerfen. Ein innerlich zerworfener, nicht ungeteilt an das Glück seines Tuns hingegebener Jäger sollte dem Wild seinen Frieden lassen. Und es war ein schöner kalter Tag damals, kurz vor St. Kathrein. Der zu Anfang November reichlich gefallene Schnee hatte sich nur in den Schattenseiten der höheren Lagen, dort freilich tief und hart gefroren, behauptet. Die sonnseitigen Almhänge waren im Lauf zweier Sonnenwochen wieder schneefrei geworden, da und dort sah man sogar ein kleines saphirnes Auge, ein „Schusternagerl", aus dem kurzen fahlgrünen Almgras leuchten.

Der vordringlichste Jägerwunsch ward mir schon bald erfüllt. Ich schoß einen Gabelhirsch, der zusammen mit Mutter, Tante, Geschwistern und Vettern von mir beim leisen Aufstieg aus seiner Sonnensiesta jäh aufgeschreckt durch eine niedrige und lückige Fichtendickung davonrumpelte. Da es mit dem Zutalschaffen eilte, schickte ich den mich begleitenden zierlich zähen Jäger Irg zu den Holzknechten hinunter, die man auf nicht sehr weit entferntem Schlag werken hörte. Sie waren motorisiert und konnten den Hirsch nach Feierabend mitnehmen. Ich stieg allein weiter. Einmal kreuzten meinen Weg vier Jungböcke. Mir kam das Lachen, als ich ihnen zuschaute, wie die drei Zweijährigen, saubere Abstände haltend, gläubig dem Ältesten, einem Dreijährigen folgten. Sie suchten Abenteuer und mußten eines, wie „der schwarze Mann" beim Spiel der Kinder, jäh irgendwoher auf sie losfahrenden Alten gewärtig sein.

Mein Mittagsziel war der mir in allerersten Gamsjägerjahren glückliche Schauder und selige Träume über Schulbüchern erweckende Ansitzplatz unter einer Zwei- oder Dreijahrhundertfichte am unteren Rand des Gogerkessels zu Seiten des Heuraffelkopfes. Zu meiner Enttäuschung war der Boden des Kessels leer. Hier auf dem grünen, von einer Quelle durchrieselten Almgrund hatte ich mit Sicherheit ein sich sonnendes Rudel vermutet. Auf der Schattseite zu meiner Linken, einem sehr steil abfallenden Hang, war der Schnee liegengeblieben. Wie stets waren mehrere Lawinen darin abgegangen und hatten ihn zu einem weißen Trümmerfeld gemacht.

Nach einer halben Stunde des Micheinrichtens, Verschnaufens, Auskühlens und Spekulierens wußte ich ungefähr Bescheid über die Gamsbesatzung der Goger an jenem Tag. Mir genau gegenüber, aber weit oben, schon fast auf der Schneid des Aberecks, stand inmitten eines vier- oder fünfköpfigen Rudels wie hingemalt und völlig reglos ein guter Bock. Seine Krucken waren von einem Typ, den ich nicht mag, mit eng stehenden, unten sehr starken, sich aber nach oben ohne Schweifung alsbald verjüngenden und auch in kleinen Hakeln auslaufenden Schläuchen. Er war stark im Gebäude, anscheinend aber so müde, daß er nicht einmal den Entschluß fand, sich niederzutun, obwohl er im Stehen immer wieder die Lichter schloß. Gut hundert Meter unter ihm, aber durch überhängende Wände und Felswaldstreifen auch sichtmäßig von ihm getrennt, waren zwei erkennbar alte Geißen zwischen den Felsblöcken niedergetan. Der einen zur Seite ruhte ihr Kitz, die andere schien keines zu haben, dafür stand ein vierjähriger Bock äsend in ihrer Nähe. Links von mir ganz weit oben, dort wo der Lawinensteilhang schon in die Heuraffelwände überging, hatte noch ein einzelnes Gams sich so niedergetan, daß ich es nicht ansprechen konnte. Das schien's zu sein für den Anfang. Aber ich habe nur wenig Plätze im Revier, auf denen man mit mehr Aussicht den schußnahen Anblick durchsuchender Böcke erwarten darf, als hier an den vom Heuraffel zu den Zellerwänden durch den offenen Kessel hinüberführenden Wechseln. Es konnte sich somit noch manches ereignen, was mir, obwohl ich Hahn in Ruh gesetzt hatte, als Anblick willkommen gewesen wäre. Rast, Imbiß, Tabak, das und das ferne Glockengetön des vollbesonnten Mittags durfte ich jetzt beschaulich genießen, eh ich meine Pirsch fortsetzte.

Nach einer guten Stunde war alles unverändert, blauhimmelüberwölbt und sonnenstill. Nur der Platzbock oben hatte sich nun endlich doch niedergetan. Eine halbe Stunde beschloß ich noch zuzugeben. Der Tag, der Platz und das ruhevolle Sitzen waren beglückend genug, mich festzuhalten. Was wollte ich mit den geplanten weiteren Wegen, wenn es mir doch immer um Schuß und Beute zu tun war?

Es kam dann insoferne ein klein wenig Leben in das mittagsstille Bild, als die Kitzgeiß drüben unter der Wand hoch wurde, ihr Kitz kurz und widerwillig saugen ließ und dann von ihm und vom Jungbock gefolgt auf einen sonnigen Lahner zur Äsung hinauszog. Die andere Geiß blieb niedergetan. Ich hatte mir zuvor beide Matronen schon durchs Spektiv angeschaut. Die Krucken dieser zweiten waren etwas höher und ihr Gesicht heller. Daß auch sie führte, war insoferne nicht ausgeschlossen, als sie bis auf Hals und Haupt von einer Art Felsbrüstung verdeckt war, hinter der ein eng an sie geschmiegtes Kitz hätte verborgen sein können. Nochmals nahm ich sie in die Linsen des auf mantelgepolstertem Stein ruhig aufliegenden Perspektivs. Ja, sie war alt, ihre Zügel waren bräunlich verwaschen, und die Decke hatte nicht den gesunden schwarzen Glanz der noch vollkräftigen Gams, es lag so etwas wie ein schwacher rötlicher Schimmer auf dem satten Hals. Sie wäre also ganz die Rechte, wenn –, ja wenn sie sicher kein Kitz führte.

Wollte ich aus diesem Teil des Reviers eine Geiß heimbringen, dann mußte ich jetzt allmählich ans Handeln denken. Hier zogen die Gams sich nicht wie weiter drinnen im südlicheren Hochalmenbereich zu großen Rudeln zusammen, hier teilten sie sich in eher familienhafte kleinere, etwa sechs- bis zwölfköpfige „Scharen“ auf, was durch zahlreiche teils von Wald, teils von Almen umgebene kleinere und isolierte Felsgebiete gefördert wird. Die Auswahl an den einzelnen Plätzen war also nicht groß, wiewohl sich in der Goger immer die meisten Gams zusammenfanden und auch verhältnismäßig vielköpfig angerudelt waren.

Ich kam nach längerem Abwägen von Für und Wider zu dem Ergebnis, daß ich es riskieren wollte, sie zu schießen, auch ohne restlose vorherige Klärung der Frage ihres Geltseins. Nach mehr als zweistündigem Beobachten durfte ich mit hoher Wahrscheinlichkeit annehmen, daß sich kein Kitz bei ihr befand.

Es war dann ein weiter Schuß auf ein kleines Ziel erforderlich, denn mehr als den Halsansatz und Hals der breit sitzenden Geiß hatte ich nicht frei. Andererseits schloß der den Rumpf und die Läufe vollständig deckende Fels ein Unheil durch etwaiges Abirren der Kugel aus.

Der Schuß rollte, wie sich's im Gamsgebirg gehört, zwischen den Wänden des Kessels hin und her, und das Haupt der Geiß versank hinter der steinernen Brüstung. Jetzt mußte ich aufpassen! Wenn in ihrer Nähe oder oben irgendwo in der Wand wirklich ein Kitz gesessen hatte, würde es bestimmt auf den Schuß und seine Auswirkung hin hochwerden. Ich schaute in einer angespanten Mischung aus Angst und Hoffen unverwandt hinüber, denn ich habe Zeit meines Jägerlebens nie ein Gamskitz geschossen. Aber nichts rührte sich in der ganzen Umgebung des Steins, der die Geiß verdeckte, bis die Verendete auf einmal ins Rutschen kam und hinter dem Gefels hervor ein Stück die steile Schneehalde hinterkugelte.

Was nun folgte in allen Einzelheiten zu beschreiben, würde eine allzu lange Geschichte ergeben. Und eine Geschichte soll's nicht werden. Ich erzähle nur deshalb von diesem Erlebnis, weil es über das Verhalten der Gamsböcke zur Zeit der Spätbrunft besondere Aufschlüsse gibt.

Es ging damit an, daß ein bis dahin anscheinend hinter irgendwelchen im Fels fußenden verzwergten Fichten verborgener vier- bis fünfjähriger Bock hochflüchtig durch das steile Lawinenfeld geradezu heruntergepurzelt kam, Richtung auf die verendete Geiß nahm und, bei ihr angelangt, sie mit aufgestelltem Bart umkreiste. Aber schon eine halbe Minute später etwa folgte ihm in fast gleicher Weise ein um etwa ein Jahr älterer und wesentlich stärkerer zweiter Bock, jagte ihn zornig zum Teufel und begann dann ohne viel Umschweife an der Geiß herumzuhakeln, vermutlich, um sie durch dies Gehabe zum Hochwerden zu veranlassen.

Daß frisch geschossene Gams (auch solche, die noch nicht verendet sind) von gesunden Stücken, die den Schuß nicht verstanden und die Gefahr nicht erfaßt haben, mit den Krucken bearbeitet werden, habe ich öfters beobachtet. Dieser Bock aber machte dabei auch unmißverständliche Versuche, die Verendete zu beschlagen. Dabei stand er mehrmals wie ein Sägebock mit vier abgespreizten Läufen blädernd und hochgestellten Bartes über ihr. Ich konnte ihn nicht unausgesetzt dabei beobachten, weil der ganze Kessel mit einem Mal zu sehr bewegtem

C. W. Allers: Vor der Hütte

Gleich den weiteren Zeichnungen dieses Künstlers aus: „Das Deutsche Jagdbuch", 1890

Leben erwacht war. Von allen Seiten kamen Böcke flüchtig heran, die anscheinend mit gutem Überblick irgendwo niedergetan gewesen waren, und denen das Herumsprengen dieser beiden ersten Böcke sichtlich willkommener Anlaß war, einmal selber nachzuschauen, was gespielt wurde.

Nur der gute Platzbock oben unter der Schneid schenkte diesem ganzen Geschehen keinerlei Beachtung. Er blieb, bis ich schließlich die geschossene Geiß holen ging, inmitten „seiner Lieben“ niedergetan. Erst nachdem der verblendete Freier, der sich von der verendeten Geiß trotz nimmer übersehbarer Gefahr durch den anrückenden Jäger lange nicht trennen wollte, nahe an ihm und am Rudel fortgesetzt pfeifend vorbeiflüchtete, zog auch er langsam über die Schneid. Mit ihm, aber ohne den bei der Kitzgeiß im Lahner stehenden und mit ihr schließlich entschwindenden Vierjährigen waren es schließlich sage und schreibe neun Böcke, die sich vor mir und eigentlich um mich herum tummelten.

Unter ihnen befanden sich freilich nur zwei, die meiner Schätzung nach älter als sechsjährig waren. Den einen erkannte ich sofort als den diesjährigen Platzbock von der nahen Laubensteinalm. Ich hatte ihn zu Beginn der Brunft gesehen, begehrt und nicht bekommen. Der wäre seine Kugel wert gewesen, und ich weiß nicht, was sich trotz des eingerasteten Hahnes vielleicht noch ereignet hätte, wenn er sich länger als knappe fünf Minuten den ganzen mehr oder minder grundlosen Reigen angesehen hätte. Bis auf 90 Schritt kam er dabei zu mir her; ich konnte ihm sein schnell nachlassendes Interresse fast aus den Lichtern herauslesen. Die nicht übermäßig hohen und auch nicht weit gestellten Krucken waren anzusehen, als hätte man sie mit einem groben Schnitzmesser aus dem Holz der Zirbe mehr herausgemeißelt als geschnitten. Die Schlauchumfänge betrugen sicher zehn Zentimeter. Er war vollkommen zusammengebrunftet. Sein von einem schweiß- und harzverklebten handlangen Bart kammartig erhöhter Rücken war schmal geworden wie ein Brett. Dieses Verausgabtsein sprach nicht für ein allzu hohes Alter, aber auf neun oder zehn Jahre schätzte ich ihn, seinem wie eine zusammengedrehte ausgefranste Schnur weit herabhängenden Pinsel nach, mit Sicherheit.

Er hatte sich mit einem Mal so unauffällig verzogen, wie er aufgetaucht war, und ich wußte nicht, ob ich darüber froh sein oder einen Zorn haben sollte. Der Zorn setzte sich erst, und zwar in ungemischter Klarheit, durch, als ich eine gute halbe Stunde später mit dem Irg zusammentraf, der, um mich nicht zu stören, auf weitem Umweg zur Laubensteinalm hinaufgestiegen war, meinen Schuß gehört und sich von Norden her durch einen gut deckenden urhaften Wetterfichtenwald an den Rand der Goger hingepirscht hatte. Von dort aus konnte er sich ebenfalls die ganze Bock-Polonaise, die starke Ähnlichkeit mit dem Finale einer Zirkusvorstellung hatte, wie aus der Loge betrachtet, mitansehen.

„Daß Sie den Hatscherten net derschossen ham?" fragte er, als wir fast gleichzeitig bei der Geiß ankamen.

„Was für an Hatscherten?"

„No den Alten, mit den steifen Hinterlauf!"

„Der war doch gar nicht dabei!" sagte ich, indes mir eine bange Ahnung heraufstieg.

„Freili, der wos adloans vo links umma kemma is, der is g'wen!"

Jetzt vollzog sich in meinem Inneren etwa das, was in den von unseren Großeltern gelesenen Romanen meist mit dem Satz ausgedrückt war: „Da fiel es ihm wie Schuppen von den Augen."

Himmel, Laudon und Laterne, natürlich war er es gewesen, und ich hatte geglaubt, sein komisches Einknicken mit der Hinterhand entstehe durch das Übersteigen der Schneeschollen und gelegentliches Einbrechen im Lawinenfeld! Dieser „Hatscherte" war ein uns seit Jahren bekannter alter Gamsbock, dem wahrscheinlich ein Nachkriegswilderer mit hoher soldatischer

Schießkunst einen Hinterlauf zerschossen hatte. Er hielt sich, das wußten wir, immer in diesem Goger-Heuraffelgebiet auf, ließ sich aber, schon weil er sich wenig umtat, nur äußerst selten sehen. Nur im Monat Mai, wenn oben auf dem Abereck der Spielhahn balzte, feierte ich regelmäßig ein kurzes Wiedersehen mit ihm. In der Gamsschußzeit war er mir noch nie begegnet. Seine Krucken waren weder hoch noch stark und hatten eine nach hinten offene häßliche geißenhafte Hakelung. Trotzdem war ich durch vier Jahre mit heißerem Begehren hinter ihm her, als hinter manchem sogenannten A-Bock.

Von der Fülle an Böcken und Bildern, die da fast schlagartig über die bisher stillen und wenig belebten Hänge der Goger ausgeschüttet wurde, war ich so beansprucht und beirrt gewesen, daß ich ein Brett vor dem Jägerhirn gehabt und weder an ihn gedacht noch ihn erkannt hatte. Es war ein echter Zorn, der bei der verspäteten Erkenntnis in mir hochstieg, und es dauerte ein paar Tage, ehe er sich legte.

Ich habe übrigens diese beiden begehrenswerten Böcke danach nie wieder gesehen. Sie sind in meinem Bereich auch nicht geschossen worden. Lehrreich war das Auslösen und Miterleben dieses kurzen „Wirbels" aber insoferne, als es die Kraftreserven erkennbar machte, die innerhalb eines natürlich gegliederten Gamsbestandes am Ende der Brunft noch lebendig sind.

Wenn man wie ich – die mich dazu bestimmenden Einsichten habe ich zuvor schon dargelegt – einen fest eingeplanten Abschuß von Junggams ablehnt, dann erhebt sich die Frage, was (über die wenigen Jahrlinge und Zweijährigen hinaus, denen man es mit einiger Gewißheit ansieht, daß sie den Winter schwerlich überstehen werden) aus den älteren Jahrgängen geerntet werden soll. Daß dieses Ernten ebenso waidgerecht wie gerechtfertigt innerhalb eines natürlich zusammengesetzten Bestandes erfolgt, ist Voraussetzung dieser Betrachtungen.

Den stolzen Grundsatz: „Nichts über zwei, nichts unter

zwölf Jahren!" kann man bestenfalls als Hochgestochenheit, als das, was die Engländer Spleen nennen, gelten lassen, und nicht als eine ernst zu nehmende Richtlinie. Von den männlichen Stücken beim Gamswild kommt nämlich ein gar nicht niedriger Prozentsatz überhaupt nicht dazu, sein zwölftes Jahr zu vollenden. Wenn man weiß, daß die durch gründliche Forschung ermittelte durchschnittliche Höchstaltersgrenze der Gamsböcke bei fünfzehn Jahren liegt, ist das auch gar nicht so verwunderlich. Ich denke dabei keineswegs an vor der Zeit von der Kugel ausgeblasene Lebenslichter, sondern an die im Hochgebirg fast ohne Ausnahme grausam strengen, vor allem oft ungeheuer schneereichen Winter. Und ich denke an die Verausgabung der Platzböcke während der sich an der Schwelle solcher Not abspielenden Brunft. Dabei muß ich einer Feststellung Erwähnung tun, die nicht nur ich im Lauf von nahezu fünf Jahrzehnten des Erfahrens und Erlebens immer wieder gemacht habe, die mir auch im Gebirge weißhaarig gewordene Berufsjäger oft bestätigten: In strengen Wintern gehen mehr vollkräftige als ausgeprochen alte Böcke ein. Das erklärt sich einesteils mit dem geringeren Abgehetztsein und andernteils mit der größeren Wintererfahrung der Alten.

Es ist demnach wohl so, daß, wer die wildesten Jahre heil hinter sich bringt, sich eines hohen Alters wird erfreuen können. Meines Vaters bester Gamsbock (die Krucke hat noch heute, von fast sieben Jahrzehnten in stark geheizten Räumen bis in die letzten Kanäle hinein ausgedörrt, verzogen und verschoben, 111 Punkte) verbrachte anscheinend seine zweite Lebenshälfte, nie geschaut und ungekannt, in einem kleinen Gewänd inmitten ausgedehnter Wälder unfern der talnahen gutseigenen Hofalm. Auf ihr wird man im Sommer kaum je eines Gams ansichtig, und damals vor den Zeiten des bald darauf die ganze Alpenwelt erobernden Schneeschuhs hat man auch im Winter dort weder Gams vermutet, noch nach ihnen geschaut. Erst viel später (ich glaube, ich selber bin der Entdekker gewesen) kam auf, daß ein an Wald und Wände grenzender Almbuckel, der auch in grimmigsten weißen Monden seiner Exponiertheit halber von Nordost- wie Südweststürmen ständig schneefrei geweht wird, den in dieser tieferen Waldregion ganzjährig beheimateten kleinen Gamsfamilien als Platz ausreichender winterlicher Äsung dient. Dieser hochbejahrte Kapitalbock (16 Ringe lassen sich auf seinen Schläuchen einwandfrei ablesen) wäre wohl sehr bald eines verborgenen Schneetodes gestorben, hätte nicht in jenem November, kaum daß seine Mitte vorüber war, ein Schneien eingesetzt, das die Aufstiege zu den eigentlichen Gamslagen und alles dorthin zielende Planen verwehrte. Mein Vater kam erst in den letzten Tagen der Schußzeit von einer längeren Reise zurück und wollte schon für dieses Jahr jedweden gamsjägerischen Plänen entsagen, als der immer tatenfrohe und nie mutlose Oberförster Häffner, unser späterer Forstrat, ihm zu einer erst mittags anzutretenden Pirsch in jene sonst kaum beachteten Wände der Rotlahn, der von mir später so viel belagerten Fuchsburg, riet.

Von einer darunter gelegenen Rotwildfütterung aus hatte der zuständige Revierjäger dort Gams und einen treibenden Bock beobachtet. Die Gams und ihr greiser Gebieter hatten nur einen bequemen Grat abwärts zu folgen brauchen, um in ihren Wintereinstand zu gelangen. Mein Vater wiederum mußte, um an die Gams zu kommen, auf dem steilen Almweg im Tiefschnee watend eine Aufstiegssstrecke zurücklegen, zu der man im Sommer eine gute halbe Stunde brauchte. Dort, an einer schöne Talsicht bietenden Kurve, war auf Befehl seiner Mutter, meiner ebenso passioniert wie diszipliniert ihre täglichen Spaziergänge absolvierenden Großmama, viele Jahre zuvor eine Bank errichtet worden. Von ihr aus tat sich auch ein amphitheatralischer Blick in das zur Sommerzeit vom Laub der Baumkronen vielfach verdeckte Gewänd auf. Der vorsorgliche Oberförster hatte, was hier ohne Gefahr des Vergrämens möglich war, tags zuvor zwei Waldarbeiter ein „Gestapf" bis in die Nähe der Bank treten lassen. Mein Vater hat mir's später mehrmals erzählt: Schon mit dem ersten Blick in den jenseitigen Felshang erschaute er die Gams. Ein guter Bock zog gerade mit aufgestelltem Bart hinter einer Kitzgeiß her, und da so in letzter Stunde weder Zeitverlust noch wählerisches Zuwarten ratsam schien, schoß er mit für damalige Ballistik sehr weitem Schuß den Bock aus der Wand. Der Revierbeamte, ich glaub', es war der damals noch im Rang eines Forstwarts dienende Steinervater, stieg hinüber, den Verendeten zu holen und trat dabei einen Hasen aus der Sasse, der nach hundert Metern mühsamster Flucht im Flaumschnee eine kurze Rast einlegte. Mein Vater schoß auch ihn mit einem wiederum recht weiten Kugelschuß. Er hat sich zeitlebens nie mit dem Niederwild seiner Gebirgswälder abgegeben, und so ist dieser neben zwei gleichfalls kugelgeschossenen Schneehasen wohl sein einziger Aschauer Feld- und Waldhase geblieben.

Und erst, als der zuvor nur eilig als jagdbar angesprochene Bock vor ihm lag, wurde ihm die sehr freudige Überraschung zuteil, daß er der bishin weitaus Beste unter seinen vielen Guten war. Unter solchen, auch in den Voralpen nur ausnahmsweise gegebenen Lebensbedingungen kann ab und zu ein Gamsbock rüstig zu hohem Alter kommen: Von den Buchenwäldern umschirmtes, sonnseitiges Gewänd mit reichlicher Äsung auf vielen Grasbändern, Plateaus und kleinen Lahnern, nicht weit davon eine Alm mit frischem Grün, und im Sommer das üppige Kräutergewucher auf nahebei gelegenen Loshieben. Das alles abseits vom Getriebe der großen Rudel, in nur mit ein paar vertrauten alten Freundinnen und ihrem artigen Nachwuchs geteilter, vom über keinen Steig in die Nähe geführten ahnungslosen Jäger ungestörter Zurückgezogenheit.

Randbeobachtungen

Einer meiner Gamsböcke wäre vielleicht mein bester, wenn – ja wenn nicht der Umfang seiner Schläuche nur mit knapper Not sieben Zentimeter betrüge, also auch einer Geiß keine besondere Ehre machte. Trotz dieses den Gesamteindruck erheblich beeinträchtigenden Fehlers lassen sich aus den übrigen Maßen seiner Krucke ehrliche 105 Punkte zusammenaddieren. Zudem stand er in seinem vierzehnten Jahr.

Auch dieses Erlebnis hatte ich zu der Zeit, da ich meinen Marschbefehl an die schon zusammenbrechende Ostfront erwartete.

Über der tief ins Tal hereinlastenden Nebeldecke scheine die Sonne, erzählte mir der Jäger Matthias, der, obwohl wir schon im Dezember standen, einen vergeblichen Versuch gemacht hatte, noch zu einem Gamsbock zu kommen. Da wandelte uns, meine Frau und mich, unvermittelt das Verlangen an, uns aus dieser unerträglich werdenden Atmosphäre bedrückten Erwartens zu lösen. Die konnten mich mit ihrem Marschbefehl allmählich kreuzweise am Aschermittwoch besuchen! Wir schnürten unsere Bündel und stiegen zum Jagdhaus hinauf. Für einen Boten im Falle Ypsilon war gesorgt, und ich pfiff jetzt darauf, wenn mein sogenannter ‚Abmarsch' sich um dieses Ausfluges willen schließlich gar doch noch um ein, zwei Tage verspätete. Den Laufschritt hatte man sich im sechsten Kriegsjahr abgewöhnt.

Ein kaum beschreiblicher Friede lag auf den von tiefer Himmelsbläue überwölbten vorwinterlichen Bergen. Er hielt schließlich auch Einzug in meinem zwiespältig beunruhigten Herzen. Ihn dem heiligen Heimatland zu erhalten, war des Mitwirkens, war des Opfers eines bitterschweren Abschiednehmens wert, wenn – nachdem ich einen Teil dazu schon beigetragen hatte, durfte ich diesen Vorbehalt machen – wenn es das Schicksal so entschied. Das mußte ich jetzt eben abwarten.

Anderes blieb mir, so wie die Dinge gelaufen waren, ohnedies nicht übrig.

In fast jeder Nacht hörte man das bedrohliche, tiefe Brummen der amerikanischen Bombengeschwader, die unter den friedvoll herabschauenden Gestirnen erst landein und nach einer knappen halben Stunde, ihrer mordschweren Ladung ledig, wieder südwärts flogen. Mit ihnen war ich jetzt durch fast ein Jahr aus oft gefährlichster Nähe hinlänglich vertraut geworden, während der vielen meist recht sinnlosen Kommandos, mit denen man mich, wie auch andere für den Frontdienst nimmer taugliche Offiziere, beschäftigt hatte oder in die man für andere eingeschoben worden war. Aufenthalte in Kellern und Bunkern, Flaksplitter auf den Stahlhelm, wenn man gerade Luftschutzdienst hatte, Funkenregen wie rotes Schneetreiben, Sauerstoffmangel in brennenden Straßen, Rauch zum Erblinden, knirschendes Glas aus zersprungenen Fensterscheiben wohin man trat, Grabarbeiten, bei denen manchmal sogar zerdrückte Leichen ans Licht gefördert wurden. In Hannover, in Berlin, in Döberitz, in München hatte ich es mitgemacht und bei Kurierfahrten während der erzwungenen Aufenthalte oft durch zehn und fünfzehn Stunden in halb ausgebrannten, fremden Bahnhöfen. Das Aufatmen, dem allen endlich entkommen zu sein, war für mich nur von kurzer Dauer gewesen. In dem damals einsetzenden Hin- und Herzerren der Richtungen hob ein grundsätzlicher Befehl den anderen auf, noch eh' es zu dessen Ausführung kam. So stand ich eben jetzt auf Abruf zu erneutem Hinein- und Hinabsteigen in die Welt der Zerstörung und des Irrsinns.

Aber zur Stunde lag ich noch unter einem Dach, dessen steinbeschwerte Schindeln uns sicherer bewahrten als die metertiefen Betondecken der Bunker. Das Knistern im kleinen Kachelofen ward von dem düsteren Surren in den Lüften nicht mehr übertönt. So mochten es Tausende von Menschen empfinden, die der Apokalypse in den Städten entflohen waren hinaus in die der mütterlichen Erde eingeschmiegten Dörfer.

Die Gamsbrunft war noch nicht vorbei. Vom Balkon des Jagdhauses aus sah ich am Morgen hoch oben in den Lahnern des Lenderschachens einen sehr guten Bock eine stämmige Altgeiß treiben, die seiner Abgebrunftetheit wegen stärker erschien als er. Ich macht mich bald auf den Weg, der beschwerlicher wurde, als ich gedacht hatte. In den höheren Lagen war der Schnee schon gut wadentief. Und nirgends fand ich Gams, auch nicht auf bewährtesten Plätzen. Wir hatten eine überreiche Buchelmast in jenem Jahr, und die hielt, zumal der vorübergehend angetaute Schnee jetzt körnig gefroren war, die Gams im Wald.

Ich weiß es noch wie heute: Zu meinem nicht geringen Erstaunen stand auf einmal vor mir auf dem Weg die wachsfrische Spur eines unzweifelhaft sehr starken Dachses. Was konnte den aufgeweckt und aus seinem längst bezogenen Winterlager getrieben haben? Die Schneedecke war bisher makellos gewesen, nirgends hatte ich die Spur von Menschen oder Hunden gekreuzt. Bis an den Bauch war der anscheinend einem ganz bestimmten Ziel zustrebende Grimbart durchgetreten und hielt über eine lange Strecke genau die Mitte des Almweges. Ich hoffte ihn einholen zu können und irgendwo noch seiner ansichtig zu werden. Ich hätte ihn, zumal hier oben im Reich der Waldhühner, gerne mitgenommen. Auch seiner Schwarte wegen wäre er mir eine willkommene Beute gewesen.

Lange, immer wieder verhaltend und mich vorsichtig umschauend, folgte ich den breitsohligen Tritten, aber schließlich bogen sie nach links ab in ein felsgründiges Fichtenaltholz hinein, und ich gab auf. Es war noch nicht Mittag, und da mich diese Verfolgung nun schon so weit geführt hatte, beschloß ich, noch den gut halbstündigen Weg bis zu dem in alten Zeiten gamsbewährten breiten Lahner am ‚Jageranstand' zu machen. Dort oder in dem sich gen Süden daran anschließenden Gewänd mußten ganz einfach Gams in der Sonne stehen. Ich wanderte den breiten Boden der Oberwiesenalm ein Stück entlang und stand dann lange Zeit unter dem Lahner und den Wänden. Kein leisester Windhauch war zu verspüren, nur über dem in der Sonnenwärme schmelzenden Schnee zitterte und waberte die Luft. Alles andere Leben aber schien in tiefen Schlaf gezaubert und ausgelöscht zu sein.

Ich polsterte mir einen Sitz im Gestein so mit dem Wettermantel aus, daß ich einen Felsblock als Lehne im Rücken hatte, tat mich nieder, und allmählich spann auch mich der Wintersonnenzauber ein. Nicht, daß ich schlief, aber die ganz unwirkliche Stille, die weißgoldene Helligkeit, die Himmelsnähe, die Rast auch in einem weiteren Sinn, die wahrscheinlich nur kurze Spanne des Nichts-auf-fremde, unbejahte-Weisung-hin-tun-Müssens, des Nicht-gejagt-und-gezwungen-Seins, das alles verband sich zum glücklichen wachen Traum. Der firnige Schnee auf dem breit sich gen Süden hinunterziehenden Almfeld blendete wie ein metallener Spiegel, und tuscheschwarz wirkten dagegen die alten Felsfichten im Gewänd. Mittag mußte schon seit fast einer Stunde vorüber sein, da schwangen sich oben vom Gipfel der Hohen Rieß her zwei Bergdohlen gegen mich her in die blaue Himmelsweite hinein. Sehr klein erschienen sie auf die weite Entfernung, aber hie und da, wenn sie sich innerhalb der Kreise und Schleifen ihres kunstvollen Jubelfluges der Sonne in einem bestimmten Winkel zuwendeten, sah man doch ihr schwarzes Gefieder wie in plötzlicher Vergoldung aufblinken.

Und da meinte ich auf einmal, hoch oben zwischen dem Felsfichtengewipfel, oder besser gesagt dahinter, der kühnsten Kugel unerreichbar, eine kurze schwarze Bewegung bemerkt zu haben. Recht viel mehr als einzelne Gams zeigte mir das schnell ergriffene Glas nicht in der kleinlückigen Unübersichtlichkeit. Sie waren dort, wo die Wände wieder aufhören und zur Schneid hinauf in steile, mehr grasige als felsige Hänge übergehen. Aber die Wipfel der tieferstehenden Fichten verdeckten sie. Eines nur schien sicher, nämlich daß dort ein größeres oder kleineres Rudel gen Südwesten wechselte. Ob ein Bock dabei war, ließ sich schwer ausnehmen. Einmal hatte ich gemeint, aus der gestrafften Haltung eines etwas tiefer als die anderen nachfolgenden Stückes darauf schließen zu können.

Was mochte diese Gams dazu veranlaßt haben, sich jetzt, da die Stunden mittäglicher Siesta noch nicht vorbei waren, in Bewegung zu setzen? Machte der Hüttenwart vom Hochrießhaus sich da oben irgendwo zu schaffen, oder waren in der Schattseite jenseits der Schneid Gamsjäger, wahrscheinlich illegale, um die Wege? Eigentlich war es mein Plan gewesen, nach einer weiteren Ansitzstunde einen gemächlichen Heimweg anzutreten. Jetzt aber sah ich eine freilich nicht gerade bequeme Möglichkeit, noch an diese eben gesichteten Gams heranzukommen. Es bot sich hier wohl die letzte, wenn auch recht unsichere Chance des Tages. Ich mußte zuerst in gleicher Richtung mit dem Rudel ein Stück auf der Alm südwärts und dann nach rechts abbiegend steil durch den Alpenwald aufsteigen, bis zu einem kleinen Boden, der ‚Wilden Grub'. Von dort aus hatte ich Einblick in den größten der sich gegen Südwesten an die Wände anschließenden Lahner, der das ‚Haberfeld' heißt. Zogen die Gams dorthin zur Abendäsung, dann hatte ich sie auf einen wohl sehr weiten, aber noch sicheren Kugelschuß vor mir. Ich setzte wenig Hoffnung auf meinen Plan und den nicht ganz geringfügigen Weg. Die Art, in der die Gams sich fortbewegt hatten, war nicht die des geruhsamen Vor-sich-hin-Äsens gewesen, sie hatte weit eher etwas von Wandertempo an sich gehabt.

Dieser Eindruck hatte leider nicht getrogen. Das Haberfeld war leer, als ich den Boden der ‚Wilden Grub' schwitzend erreichte. Dafür tauchten, noch ehe mein Atem sich ganz beruhigt hatte, Stück für Stück die Gams, sieben an der Zahl, links über mir und schon jenseits der Grenze auf freier Alm auf und schoben sich von dort aus in dicht geschlossener schwarzer Kette, jetzt auf einmal ohne besondere Eile, in feindliches Gewänd ein. Schließender und nur ab und zu müd Antreibender war ein sehr guter, auffallend starkkruckiger Bock, von – ich hatte hinlänglich Zeit, ihn mir durchs Perspektiv anzuschauen – sicher acht oder neun Jahren. Hätte nur noch gefehlt, daß er mit einem Mal sich bäumend auf die Hinterläufe stellte und zusammenbrach, indes der Schuß des Nachbarn sieghaft herüberhallte.

Nichts dergleichen geschah, dafür aber hub in weiter Ferne ein sonderbares Surren an und erfüllte, immer deutlicher und lauter werdend, die Lüfte, schwoll an zu Knurren und Brausen, im blaugoldenen südllichen Himmel erschienen ungezählte dunkle Striche, und dann war's heran und donnerte ohrenbetäubend über mich weg. Ich weiß nicht mehr, waren es fünfzig, waren's nur dreißig riesige Silberfalken. Sie durchstießen blinkend und unbeirrt die, wie an schönen Wintertagen stets, um diese Zeit aus dem Inntal aufsteigenden Nebelwolken und waren, kaum richtig geschaut, mit verdröhnendem Lärm nordwärts entschwunden. Ich saß lange tief erschrocken und benommen da. Wie schön waren die anzuschauen gewesen, und welch kalte Niedertracht hatte sie ausgesandt! Ich hörte dann nichts von Detonationen. Wahrscheinlich hatte das Geschwader Nürnberg angeflogen.

Mit dieser Erinnerung verbindet sich mir untrennbar eine andere. Es war auf genau derselben Alm um ein rundes Jahrzehnt später, zur Zeit der Hirschbrunft. Ich hatte auf einem kleinen, wegen seiner günstigen Lage von mir und den Jägern gelegentlich benützten Blockhaus übernachtet und mich noch bei Sternenschein nahe davon auf einem Almrücken angesetzt. Von der Landesgrenze her schrie ein Hirsch und kam, vermutlich mit seinem Rudel, in einer mir zu Füßen liegenden tiefen Mulde auf mich zugezogen. Noch vor Büchsenlicht aber bog er ab und stieg auf schwer einsehbarem Wechsel in die mir gegenüber aufragenden, bewaldeten Wände hinauf. Nur ein Teil des Rudels, drei Alttiere und ein Kalb, kam im Dämmerlicht langsam dahinäsend bei mir durch. Es war nicht wahrscheinlich, aber auch nicht ausgeschlossen, daß der Hirsch sich diese drei Stuck noch holen würde, und deshalb schrie ich ihn mehrmals mit der Muschel an. Er antwortete jedesmal unverzüglich und zornig, änderte aber seine Richtung nicht. Trotzdem schaute ich mit dem lichtstarken Glas immer wieder nach dem Kahlwild. Manchmal erscheint der Platzhirsch in solchen Fällen lautlos, und eh' man sich's versehen hat, ist die Bühne leer. Jetzt zog das Leittier äsend in ein Distelfeld ein, und da sah ich auf einmal inmitten der Disteln eine merkwürdige, etwa handflächengroße, runde, rote Blume in der Morgenbrise hin- und herschwanken. Ich setzte das Glas ab. Noch reichte das Licht nicht, um sie mit freiem Aug zu erkennen, aber immer wieder fand ich sie aus dem fahlen Grün des Distelwaldes heraus, wenn ich durch die Linsen schaute. Was war das für eine Blume, und wie kam sie hier herauf? Manchmal nehmen sich die Almerinnen neben mit Schnittlauch und Suppenkraut bepflanzten Töpfen auch ein paar Blumenstöcke aus dem Tal mit herauf und haben sie vor ihren kleinen Fenstern stehen. Schon möglich, daß es von dort irgendeinen Samen da herüber verweht, daß er ihm besonders gemäße Erde und Umwelt gefunden und sich aus ihm dann eine große Pflanze entwickelt hatte. Aber rot?

Der Tag kam, das Kahlwild verzog sich, die Hirsche meldeten nur noch sparsam und träg, und ich stieg zu der Blume hinauf. Je näher ich ihr kam, desto befremdlicher ward sie und war, als ich davor stand – ein auf Apfelgröße geschrumpfter roter Luftballon, an dessen im Gekräut verfangener Schnur eine Karte hing, von einer sechs Jahre alten kleinen Helga, die ihn tags zuvor am Nachmittag um drei Uhr auf einem Kinderfest im Nürnberger Zoo hatte fliegen lassen! Keine 12 Stunden war dieses Federgewicht von einem Briefboten unterwegs gewesen! Den Gegensatz des geistigen Wesens von Krieg und von Frieden hat nichts mir mit gleicher Eindringlichkeit anschaulich gemacht wie diese beiden Erlebnisse innerhalb der in sich geschlossenen kleinen Welt einer abgelegenen Alm.

Damals in den ersten Dezembertagen des Jahres 1944 konnte ich noch nichts ahnen vom Luftballon der kleinen Helga und von einer brieflichen Freundschaft, die sich durch ihn, den wakkeren, windgetragenen Boten, mit ihren Eltern und ihr ergeben sollte . . .

Ich saß immer noch an den Stamm einer Fichte gelehnt, jäh aus allen gamsjägerischen Erwägungen und Befürchtungen herausgeworfen. Da knirschte dicht hinter mir der Schnee. Der treue Mathias war mir nachgestiegen. Vereinbarungsgemäß hatte er sich an anderen Plätzen nach Gams umgesehen und dann meiner Spur folgend versucht, sich wieder mit mir zusammenzufinden.

„Des is a Portion g'wesen, Herrgott Sakra!“ sagte er. „Und allweil frecher werden s'. So nieder san s' noch nia daherkemma.“

„Ja mei, wenn nix mehr da is zum Aufhalten!“

„Nix gangen?“ fragte er nach einer Weile des Verschnaufens.

Ich erzählte ihm von dem abgewanderten Rudel und dem starken Bock. Das sei schon der Platzbock gewesen, bestätigte er, den er mehrmals hier oben beobachtet hätte.

„Gehen wir heim!“ sage ich, „da heroben is nix mehr zum Holen.“

Der Mathias schlug vor, den Rückweg dadurch etwas abzukürzen, daß wir nicht erst auf die Alm hinunter-, sondern schräg am Fuß der Wände durchstiegen, und ich war einverstanden und ließ ihn als den hier Wegkundigeren vorausgehen. Wir hatten schon die halbe Strecke zum Platz meiner Mittagsrast zurückgelegt, als mich ein Gamspfiff in nächster Nähe jäh aus der Teilnahmslosigkeit meines Dahinwatens im hier ziemlich tiefen Schnee aufweckte. Und da fuhr auch schon ein schwarzer Blitz knapp 60 Meter über mir durch die von vielen falben Lahnerblößen durchsetzte und ziemlich dicht bewaldete Wand. Ich war etwas hinter dem Mathias zurückgeblieben, deshalb hatte das Gams nur ihn bemerkt und machte sich in langen, erschrockenen Fluchten breit an mir vorbei nach rückwärts davon. Ich erkannte eine überdurchschnittlich starke Figur und sah, wenn auch nur für den Bruchteil einer Sekunde, den Pinsel. Haupt und Krucken aber waren ständig verdeckt. Nach dem Mittagserlebnis mit dem ins Nachbarliche ausgewechselten Platzbock war ich den Gams in dieser entlegenen Ecke, auf die, schon um sie nicht aus ihren Einständen zu verteiben, oft jahrelang kein Schuß fiel, heute nicht allzu freundlich gesonnen. Und ich hatte mir vorgenommen, sie in Zukunft nimmer gar so schonend zu behandeln. Deshalb zögerte ich jetzt nicht lange. Als das Gams, anscheinend zurückäugend, mit für mich wieder verdecktem Haupt und Hals in einer sehr schmalen Lücke verhielt und nochmals einen zornigen Pfiff herunterzischte, zielte ich hinters Blatt und schoß. Er stürzte sofort aus der Wand, überschlug sich und rutschte mit abgespreizten Läufen und um sich schlagendem Haupt auf mich zu, fing sich, versuchte vorne hoch zu werden und sank unter der zweiten, auf den Halsansatz gesetzten Kugel verendet zusammen. Ich hatte es beim ersten Schuß beinahe senkrecht bergauf etwas zu hoch gefaßt und das Rückgrat von unten her zerschossen. Was ich aber jetzt im Herabstürzen von den Krucken gesehen hatte, jagte mir einen jähen Schrecken ein. Das war eine zwar kapitale, aber es war sicher eine Geiß. Ihr Pfeifen und vor allem ihr Stehenbleiben, das wurde mir nun bewußt, hatten dem irgendwo zurückgelassenen Kitz gegolten.

Der Mathias, der nicht recht wußte, was geschehen war, kam zu mir zurück.

„Schaug mer halt!“ sagte er, nachdem ich ihm das Malheur geschildert hatte. Und so taten wir. Weit war ja nicht hinauf.

„I glab neet, daß die no a Kitz g'führt hat“, meinte er beruhigend, als er beim Gams angelangt die 14 Jahrringe an den Krukken abgezählt hatte. Und dann auf einmal riß er die Augen weit auf.

„Schaugen S' doch den Bart an, des muaß ja a Bock sein!“

C. W. Allers: Auf dem Kreister

Nun, daß es einer war, zeigte, jeden Zweifel ausschließend, das mächtige Kurzwildpret, als wir das tief im Schnee steckende Gams endlich umgedreht hatten.

Auch damals bestätigte sich die von mir oft gemachte Beobachtung, daß alte Gamsböcke – ich meine damit die, die ihr zehntes Jahr überschritten haben – beim Brunftrudel nimmer viel zu bestellen haben. Während der ersten zehn Tage der Brunft kann man den einen oder anderen von ihnen vielleicht noch als Platzbock irgendwo antreffen. Im wesentlichen aber klärt sich bei gesund gegliedertem Bestand die Lage innerhalb einer kurzen Frist anfänglichen Kräftemessens dahin, daß die Acht-, die Neun-, die Zehn- und sogar die Siebenjährigen das Feld beherrschen. Die Altböcke sind, was Ausdauer und Schnelligkeit betrifft, schon auf der absteigenden Linie und sowohl den Angriffen als auch der Rivalität der Vollkräfigen, wenn, dann nur kurzfristig gewachsen. Als Verteidiger größerer Rudel setzen sie sich nicht mehr durch. Sie sind deswegen vom Beschlag aber keineswegs ausgeschlossen, halten sich abseits und nehmen, was sie dort finden. Meist kehren sie schon frühzeitig in ihre Einschicht zurück.

Dieser Prozeß hat ganz andere Beweggründe als das weiter oben schon berührte Sich-Zurückziehen der eigentlichen Platzböcke gegen Ende der Brunft. Die nämlich werden nicht ausgejagt, sie sind ganz einfach abgetrieben, und ihre Kräfte sind aufgebraucht. Außerdem ist ihr Verschwinden (genau wie das der guten Hirsche zu Ende der Brunft) ein sicheres Zeichen dafür, daß das Fest in aller Stille zu Ende geht.

Wenn man nun die These vertritt und es womöglich auch noch als ein Erfordernis der Waidgerechtigkeit hinstellt, nur Gams zu schießen, die nicht über zwei und nicht unter zwölf Jahre alt sind, dann wird man (ich möchte darauf gleich zu sprechen kommen), was den Abschuß guter Böcke anbelangt, auf manche Schwierigkeit stoßen.

Eine davon ist, daß man diesen sich ziemlich wenig umtuenden Hochbejahrten nicht allzu oft begegnet. Für mein Zusammentreffen mit jenem kapitalgeißkruckigen Altbock in seinem Wintereinstand reicht das Wort Zufall schon nicht mehr aus. Wir fanden übrigens an ihm etwas, was ich im Lauf mehr als fünfzigjähriger Gamsjagerei nur höchstens noch ein- oder zweimal gesehen habe, nämlich die Forkel-, oder besser gesagt Hakelspuren eines frontalen Kampfes. Sie mochten schätzungsweise zehn Tage alt sein. Am Hals hatte er einen bösen Riß von oben nach unten, so daß ein Stück der Decke triangelhaft abstand und am Stich ein kreisrundes Loch (anfangs glaubten wir, es habe mit dem Schuß etwas zu tun), das von einer tief hineingeschlagenen Kruckenspitze herrührte.

Forkelspuren habe ich in der Decke von Gamsböcken schon öfters festgestellt, aber fast alle auf den Schlegeln, in den Flanken oder (das sind die gefährlichen!) in den Weichen. Der verfolgende und einholende Stärkere hatte da eben von der Seite her seine Krucken gebraucht. Kämpfe, bei denen zwei etwa gleichstarke Böcke einander von vorne gegenseitig in die Krukken fahren, sind meinen Beobachtungen nach sehr selten. Ich habe einen einzigen aus weiter Ferne mitangesehen; er währte kaum eine Minute. Daß bei bejahrten Gamsböcken öfters eine Hakelspitze abgebrochen ist, kann von Kämpfen, vom Hängenbleiben in der zähen Decke des Gegners herrühren, hat aber seinen eigentlichen Grund sicher in der zunehmenden Sprödigkeit des Horns bei alten Gams.

Unser Bock damals hatte sich, wie fast alle Novemberböcke dieser hohen Altersstufe, gut bei Wildpret und Feist gehalten. Ich war froh, daß der Mathias mich eingeholt hatte. Zum alleinigen Heimtragen über einen weiten Schneeweg hätten meine damals von der noch immer nachwirkenden russischen Gelbsucht herabgesetzten Kräfte schwerlich ausgereicht.

Altersansprache

Ich muß zugeben, daß der weitaus größere Teil der von mir geschossenen guten Gamsböcke (in der neuen Bürokratenjägersprache nennt man sie A-Böcke) zwischen acht und zehn Jahre alt, somit jünger als elfjährig war. Dennoch habe ich eine ganze Anzahl von echten Altböcken, die zwölf und mehr Jahrringe auf ihren Schläuchen zeigten, geschossen. Um aber der Wahrheit die Ehre zu geben: Fast keinem von diesen letzteren hatte ich sein hohes Alter mit Sicherheit angesehen, solange er mir lebend gegenüberstand. Meist nahm ich erfreut und erleichtert erst dann davon Kenntnis, wenn er geschossen war und ich seine Krucken anfassen konnte. Ich glaube nicht, daß man das Alter eines Gamsbockes vom vollendeten achten Jahr ab aufwärts auch nur mit annähernder Sicherheit ansprechen kann, muß zumindest mein diesbezügliches persönliches Unvermögen bekennen. Schon aus diesem Grund erscheint mir die Forderung, den Gamsabschuß außer mit Junggams nur mit zwölfjährigen und noch älteren Stücken zu erfüllen, etwas problematisch. Und damit kehre ich zu der eingangs schon gemachten Feststellung zurück, daß eine richtige Altersbeurteilung am Gams mit zu den schwierigsten jägerischen Ansprechaufgaben gehört.

Beim Rehbock, vor allem aber beim Hirsch, gibt das Geweih, wenn auch keine absolut sicheren, so doch sehr ins Gewicht fallende Anhaltspunkte. Beim Hirsch muß man heute (und ich sage leider!) den Satz von „gibt" in „gab" abändern. Immer wieder bekommen wir in der Jagdpresse vorgeführt, was alles sich an Hirschgeweihmasse erfüttern läßt: Sechzehnender vom dritten, Kapitalkronenhirsche vom sechsten, wahre Urhirsche vom achten Kopf! Ich stimme uneingeschränkt mit all denjenigen Waidgenossen überein, die sich dagegenstellen, daß die Geweihschauen seit einiger Zeit in Prämierungen für gute (will heißen sehr kostspielige!) Futterleistungen der Revierinhaber ausarten.

Aber davon vielleicht ein andermal. Hier geht es um das Gams. Aus Kruckenhöhe und -stärke bei Gamsböcken und -geißen Rückschlüsse auf das Alter zu ziehen, ist nicht möglich und würde nur zu Fehlabschüssen führen. Die Schläuche nehmen mit den Jahren nicht an Stärke zu, sie sind von erster Jugend an (man bedenke, daß der Jahrling und das Zweijährige den größten Teil der Krucke hervorbringen!) rein veranlagungsgemäß entweder stark oder weniger stark oder dünn; sie nehmen im fünften Jahr durchschnittlich noch um fünf Millimeter, in manchen Fällen im sechsten und als wunderseltene Ausnahme noch im siebenten Jahr um zwei bis drei, von da ab um einen Millimeter und weniger jährlich an Höhe zu. Die Krucke der Sechsjährigen darf man als ausgewachsen bezeichnen. Damit leugne ich nicht, daß bei einem hochjagdbaren etwa zwölfjährigen Bock der in vieljähriger „Kleinarbeit“ durch Anreihen der Jahresringe hinzukommende Höhenzuwachs etwa 7% der gesamten Sehnenhöhe ausmacht (je nachdem also einen bis anderthalb Zentimeter). Aber ein Kapitalbock ist trotz alledem mit sechs Jahren meist überdurchschnittlich stark, ja sehr oft schon kapital. Würde man ihn nach der Krucke ansprechen und schießen (es fällt oft schwer, einer solchen Versuchung zu widerstehen), dann wäre das ein jägerisch wie züchterisch bedauerlicher Fehler.

Bei „Überkrucken“ (Geiß- wie Bockkrucken), wie sie alle Jubeljahre einmal irgendwo in den Alpen erbeutet werden, deren Konterfei durch die ganze Jagdpresse wandert und die auf alle Ausstellungen gebracht und mit Gold behängt werden, möchte ich mich hier nicht lange aufhalten. Sie sind, ohne daß man bis jetzt herausgebracht hat warum, aus irgendwelchem Anlaß „riesenwüchsig“, haben vor allem fast alle eine Besonderheit gemeinsam, nämlich daß bis in das sechste, siebente, achte Jahr ein bedeutender, weil überdurchschnittlicher Zuwachs an ihnen zu erkennen ist. So hat bei der besten von mehreren in unserem Tal erbeuteten Kapitalkrucken der achte Jahresring noch eine Höhe von fast vier Millimetern. Dieses Maß erreicht bei mittelmäßigen Krucken der fünfte nur selten. Solche „Einschiebsel“ zwischen dem vollendeten vierten und achten Jahr (bei der eben erwähnten Krucke machen sie heute noch, nach 70 Jahren des Austrocknens, 2,7 Zentimeter aus) heben die Trophäe weit über den Durchschnitt hinaus.

Woher solche geradezu abnorme Wüchsigkeit kommt, ist, wie ich schon sagte, ungeklärt. Eines aber ist sicher, nämlich, daß man kapitale Gamsböcke nicht im landläufigen Sinn heranhegen kann. Vielleicht wäre es möglich, sie auf einem entsagungsreichen, vor allem langwierigen, ein ganzes Gamsjägerleben beanspruchenden Weg zu züchten. Selbst das dürfte nur unter der Voraussetzung weiträumigster Hegegebiete möglich sein. Lassen wir den Überwuchs also aus dem Spiel.

Kruckenformung

Um wieder auf den Ausgangspunkt zurückzukommen. Die Krucken also sagen nichts aus über das Alter eines voll erwachsenen Stückes Gamswild. Es lassen sich aber an ihnen doch manchmal und unter ganz besonderen Umständen Wahrnehmungen machen, aus denen man auf höhere Bejahrtheit des Trägers oder der Trägerin schließen kann. Ich möchte von ihnen sprechen, obwohl die Voraussetzungen dafür, nämlich kurze Entfernung und sehr günstiges Licht, nur ziemlich selten gegeben sind. Die eine dieser Besonderheiten ist der durch vieles Herumhakeln und -reiben in den Latschen auf den Krucken älterer, natürlich vorwiegend männlicher Stücke, manchmal entstehende starke und meist wulstige Pechbelag. Aber die zornmütige Freude am Kampf mit dem zäh federnden Widerstand der Latschenäste und wohl auch am Balsamduft der aufgeschundenen Latschenrinde scheint eine individuelle Veranlagung zu sein. Bei vielen alten Böcken fehlt das Latschenpech auf den Schläuchen ganz, während man andererseits auf denen Sechsjähriger schon einen ersten Belag davon finden kann.

Um das andere sehr selten und nur aus der Nähe mit guter Optik erkennbare, dann freilich ganz sichere Kruckenmerkmal hoher Bejahrtheit richtig zu beschreiben, muß ich etwas weiter ausholen: Die Schläuche der Krucken sind beim jungen Gams nach unten offen. Daher kommt es auch, daß bei der frisch ausgekochten Krucke zum Beispiel eines Vierjährigen, wenn man sie an den Bogen aufhängt, anstatt sie mit dem Kiefer nach oben an die Wand zu lehnen, unten aus den Schläuchen längere Zeit, oft durch zwei, drei Wochen, Schweiß und fettige Flüssigkeit herausrinnt und immer wieder die Hirnschale befleckt. Erst etwa im siebenten Jahr, wenn der Zuwachs gering wird und nur noch aus Millimeterringen besteht, schließt sich der unterste Rand des Schlauches fest um den Stirnzapfen. Die älteren Gamsjäger nannten das „einziehen". Wenn ein Gamsbock „gut eingezogen", das hieß, mehrere dieser Millimeterringe eng um den Zapfen gelegt hatte, galt er den Alten als voll jagdbar, und sie hatten damit nicht unrecht, denn er war dann mindestens achtjährig. Mit dem Einziehen nun ist notwendigerweise ein Dünnerwerden der Schläuche nach unten verbunden, sie verjüngen sich. Das ist aber in der Regel am lebenden Gams nicht zu erkennen, weil die Kopfhaare, und beim Bartbock noch zusätzlich die geschwollenen Brunftfeigen, es verdecken. Mit zunehmendem Alter aber vermehren sich auch die Jahrringe, die Krucke wird höher, und allmählich wächst der eingezogene, der verdünnte Teil des Schlauches über die Kopfhaare hinaus. Unter den oben schon genannten Voraussetzungen kurzer Entfernung, guter Beleuchtung und eines scharfen Glases kann man dann erkennen, daß die Schläuche im unteren Teil dünner werden. Daraus, wenn es sich einwandfrei ansprechen läßt, darf man stets auf ein hohes Alter von allermindestens zehn, meist aber mehr Jahren schließen.

Einmal hatte ich mich nach langer, schon in aller Frühe angetretener Pirsch gerade vom Betreuer der südwestlichen Hälfte meines Eigenjagdrevieres getrennt, um über die steilen Lahner der „Roß" auf die Schneid und ins Nachbartal zu gelangen. Von dort hatte ich dann noch gut anderthalb Stunden Wegs bis zum Jagdhaus, wo ich mich mit meiner Frau für den Abend verabredet hatte. Der oberste Teil jenes Steilhanges, der seinen Namen wahrscheinlich der in früheren Jahrhunderten noch üblichen Gewinnung von Lahnerheu für die auf der Alm gehaltenen Pferde verdankt, ist mit dichten, aber kaum mehr als knietiefen Laublatschen bestockt, durch die ich mich hindurcharbeiten mußte. Da dieser Krummholzgürtel nur etwa 60 Meter breit ist und ich ganz deckungslos herausgestiegen war, dachte ich nicht an irgendeine Begegnung mit Wild, und so fuhr ich richtiggehend zusammen, als mich auf einmal aus nächster Nähe ein Gams anpfiff. Wirklich und wahrhaftig stand da nur einen Schrotschuß von mir entfernt eine starke, aber noch nicht voll verhärte Geiß in den Stauden. Vermutlich hatte sie hier in der Nachmittagssonne fest geschlafen und deshalb nichts von meiner Annäherung gemerkt.

Ihre Krucken waren mittelmäßig, nicht hoch und nicht nieder, nicht stark und nicht dünn und von nur geringer Auslage. Der noch leidlich klaren Zeichnung der Maske nach schien sie auch nicht sehr alt zu sein, und fast alles, die noch nicht voll verfärbte Decke, die etwas eingefallene Flanke, der tiefe Bauch und das durchgedrückte Kreuz sprach dafür, daß es eine Kitzgeiß war. Nichts zum Schießen also, ich mußte sie weggehen. Sie aber ging nicht. Fortgesetzt pfeifend äugte sie mich an, ohne sich vom Fleck zu bewegen. Ich schaute mir nach allen Richtungen die Augen nach anderen Gams, vor allem nach einem Kitz aus, denn das fortgesetzte Pfeifen einer allein stehenden Gamsgeiß kann, genauso wie das mehrmalige Schrecken eines einzeln flüchtig werdenden Alttiers, auch einen Warnungsruf an Kitz oder Kalb bedeuten. Aber der große steile Lahner, der sicher an die zwanzig Tagwerk kahle Fläche hatte, und die ihn zur Rechten und Linken begrenzenden Wände und Fichtenhorste waren, was wir zuvor bei fast einstündigem Ansitz schon festgestellt hatten, gamsleer.

Erst als ich der Geiß bis auf dreißig Schritt nahe gekommen war, setzte sie sich langsam in Bewegung und stieg, mich immer wieder beäugend und anpfeifend, in kleinen Serpentinen zur Schneid hinauf. Und da, als sie endlich das Haupt in den hellen Himmel über dem Grat hineinhob, entdeckte ich auf einmal, daß beide Schläuche ihrer Krucken über dem unteren Drittel so etwas wie eine Wulst bildeten, von da ab nach unten zu dünner wurden, sich klar erkennbar verjüngten. Das heißt, um es noch andersherum zu erklären, daß die kleinen Jahrringe, die man Millimeterringe nennt, fast zwei Fingerbreiten über das Kopfhaar hinaufreichten. Dieses Gams mußte uralt sein. Ich trug jetzt kein Bedenken mehr, es zu schießen. Offenbar handelte es sich, und bei solcher Bejahrtheit war es kaum anders zu erwarten, um eine nicht führende Geiß. Wahrscheinlich hinderte Altersschwäche sie daran, dem Rudel, dem sie zugehörte, über weitere Strecken zu folgen, und vielleicht war sie sogar – ihr ganzes Benehmen ließ es vermuten – am Erblinden. Ich hätte bei so kurzer Entfernung auf den Halsansatz und nicht dicht hinter das Blatt zielen sollen. Altes Wild, zuvörderst ein sehr altes Gams, hat fast immer ein schweres Verenden. Mehrmals versuchte die Geiß sich auf die Hinterläufe zu stellen, und der Schweiß trat ihr schon aus dem Äser, als sie endlich seitlich umfiel und in die Laublatschen zurückkugelte. Sie war im achtzehnten Jahr und – hatte ein starkes, strotzend volles Gesäug. Ich habe nie eine ältere, nur einmal noch eine gleich alte führende Geiß geschossen. Ihr Kitz ist aber auch nach dem Schuß nirgends im weiten Rund aufgetaucht. Das war einer der wenigen und ganz besonders gelagerten Fälle, in denen das hohe Alter eines Gams sich an den Krucken erkennen ließ. Übrigens waren die Jahrringe in diesem Fall auch überdurchschnittlich breit und somit der Teil des Schlauches unterhalb des fünften Jahrringes etwas länger geraten als dies bei schmäleren Ringen der Fall gewesen wäre.

Das letzte Gams, das ich auf solche Art als alt ansprechen konnte, war ein sehr guter Bock, der, entgegen meiner sonstigen Erfahrung, schon im zweiten Jahr bei einem größeren, allerdings etwas abseits und isoliert stehenden Rudel mit merkwürdiger Gemessenheit den Platz hielt. Ein paar Sekunden lang konnte ich ihm bei bestem Licht von rückwärts und unten her so in die Krucken schauen, daß ich die Verjüngung der Schläuche dicht über den Kopfhaaren und den hoch geschwollenen Brunftfeigen erkannte. Der Bock war demnach alt. Es war Ende November, und nach mehreren erfolglosen Birschen war ich ungeduldig geworden und hatte an diesem Tag schon einen recht guten Einkruckigen (der eine Schlauch war kurz, aber doppelt daumenstark) geschossen, von dem ich wußte, daß er achtjährig war und den ich, eben weil er mir in seinem vierten

Jahr schon erstmalig begegnet und leicht wiederzuerkennen war, lieber noch aufgehoben hätte. Das war's, was mich damals (ich war auch dem Heimweg) davon abhielt, diesen ausgereiften A-Bock noch zu schießen. Übers Jahr würde es, wenn er diesem ihm anscheinend lieb gewordenen Harem weiter die Treue hielt, ein Wiedersehen geben. – Es gab aber keines. Kurze Zeit später stahl ihn ein jagdbeflissener Jüngling, „ein frisches junges Blut", man kann auch sagen ein Lump, ohne viel Kunst und Risiko. Ein nahegelegenes Unterkunftshaus diente ihm als tarnende Operationsbasis.

Aber zurück zu den Altersmerkmalen beim Gamsbock. Die Krucken, das hab' ich eben erläutert, geben nur in wunderseltenen Fällen Anhaltspunkte für das richtige Taxieren des Gamsalters. Eins möchte ich allerdings dem schon Gesagten noch hinzufügen: Wenn, vor allem beim Bock, an der Krucke eine Hakelspitze abgebrochen ist, dann empfiehlt es sich, den Träger genauer in die Linsen des Perspektivs zu nehmen. Beim alten Gams wird die Kruckenmasse spröder und bricht dann im Kampf auch leicher ab, als wenn der Bock und seine hürnerne Zier noch jung und elastisch sind. Genaues Hinschauen, wenn man so eine Absprengstelle innerhalb des Kruckenbogens erschaut hat, empfehle ich, nicht aber übereiliges Handeln, denn auch junge Böcke können abgebrochene Hakeln oder Schläuche haben.

Das alles aber sind nur Anhaltspunkte. Es gibt auch Merkmale. Aber auch die sind nicht so untrüglich, wie manche Jäger glauben, denen es an der für die Kenntnis des Gamswilds notwendigen langen und reichen Praxis fehlt. Für die Bestimmung des Alters am lebenden Gamsbock gibt es vor allem zwei solcher Merkmale: den Pinsel und die „Maske".

Pinsel

Der Pinsel, der bei jüngeren Böcken (einschließlich denen im fünften Jahr) gar nicht oder kaum sichtbar ist, nimmt mit dem Alter an Dichte und Länge zu. Die schwarze (manchmal auch schiefergraue, ausnahmsweise sogar tief sepiabraune) Zeichnung im weißen Gamsgesicht, die sich wie ein breiter Zügel von den Lauschern her über die Lichter bis vor zum Windfang zieht, wird, sowohl beim Bock wie auch bei der Geiß, mit zunehmenden Jahren meistens blasser, und im hohen Alter bleicht sie zuweilen so stark aus, daß sie mit dem Weiß des Stirnstreifens und der Wangen zusammenzufließen scheint.

Das erstere dieser beiden Alterskennzeichen ist schon deshalb das weniger brauchbare, weil der Pinsel beim Sommerbock heller und schwächer behaart ist als beim Bartbock im schwarzen Winterkleid. Einen Gamsbock im Sommer dem Pinsel nach auch nur annähernd richtig auf sein Alter anzusprechen, halte ich nicht für möglich. Hat aber ein Augustbock einen starken, beim ersten Blick schon ins Auge fallenden Pinsel, dann darf man getrost annehmen, daß er neunjährig und wahrscheinlich sogar älter ist.

Erschwerend sind beim Ansprechen dem Pinsel nach noch andere Umstände, nämlich daß die Dichte und Länge der Pinselhaare (genau wie die der Barthaare) nach Gegenden und wahrscheinlich auch nach Veranlagung verschieden sind. Es wird beispielsweise behauptet, daß die auf Urgestein lebenden Böcke, obwohl im Wildpret meist geringer, durchschnittlich weit bessere Bärte haben als die in den Kalkalpen. So kann es sich auch mit den Haaren des Pinsels verhalten. Wahrscheinlich aber gibt es, wie schon angedeutet, auch innerhalb ein und desselben Bestandes Böcke mit mehr oder weniger Pinselhaar.

Ob auch längere Zeiträume den Typus der Gams und ihres Haarkleides innerhalb ein und desselben Gebietes verändern können? Durch Zuwanderungen und Kreuzungen wäre es wohl denkbar. Ich stelle diese Fragen, weil ich darauf schwören möchte, daß noch bis vor 20 Jahren hier in unseren Bergen ein dicht büscheliger, gut erkennbarer Pinsel nur an einem mindestens neunjährigen Bock Gegebenheit war. Ich habe, wenn ich daraufhin den Schuß wagte, nie eine Enttäuschung erlebt. Heute hat hier fast jeder Siebenjährige schon einen starken Pinsel. Die Bärte dagegen sind im Durchschnitt merklich schlechter geworden. Das spricht für eine allmähliche Veränderung des Haarkleides und vielleicht des Schlages überhaupt, deren Ursache freilich schwer ergründbar sein dürfte. Es gäbe, was diesen Sektor anbelangt, noch manche Besonderheit oder Ausgefallenheit, deren Darlegung jedoch über einen nur auf das Wesentliche zugeschnittenen Rahmen hinausginge. Wenn ich es sozusagen grobkörnig zusammenfasse, so hat meine in etwa fünf Jahrzehnten gewonnene Erfahrung und gemachte Beobachtung mich zu etwa folgendem Grundriß geführt:

Der Pinsel ist beim Gamsbock bis in seinen fünften Winter hinein nicht oder nur schwach zu erkennen. Im sechsten Jahr wird er, wenn auch noch dünn und nicht lang, gut sichtbar, in seinem siebenten, spätestens achten Jahr ist dann aber das Abzeichen der Männlichkeit zum dichten, sofort ins Auge fallenden Büschel geworden. In diesem Alter ist ein Gamsbock ausgewachsen und hat die volle Zuchtreife erlangt. Im Lauf späterer Jahre wird der Pinsel an sich kaum noch stärker, verlängert sich aber meist nach unten, läuft nimmer feinhaarig, sondern in einer Art Kordel aus, die mit dem Glas gut erkennbar ist. Damit ist aber dann auch diese letzte Entwicklung abgeschlossen. Ein Bock mit solcher Manneszier kann im neunten, genausogut aber im zwölften Jahr stehen. Und andererseits ist es auch möglich, daß schon bei einem Zwölfjährigen die allmähliche Rückbildung eintritt. Bei ganz alten, vierzehn-, fünfzehnjährigen Böcken ist sie die Regel, von der es nur selten Ausnahmen gibt, wie ja auch die Bärte der Hochbejahrten nimmer viel taugen.

Zieht man aus all dem nun die Nutzanwendung, dann kann

man einen älteren oder alten Bock mit geringen Krucken (der Kruckenhöhe etwa eines Dreijährigen) am Pinsel erkennen, und wenn es einem um A-Bock-Kruckenzüchtung zu tun ist, darf man den auch bedenkenlos abschießen. Man wird ferner einen mit wachelndem Riesenbart sein Rudel umkreisenden „Fetzenbock", der nur einen geringen Pinsel zeigt, unbedingt schonen. Das ist so ziemlich alles, was uns an praktischer Weisheit aus der ganzen „Pinsellehre" erwächst.

Übrigens kommt es auch vor, daß beim alten Platzbock, wenn er sich nach dem Beschlag (man muß eigentlich sagen nach den Beschlägen, denn unter zwei-, dreimal bis hinauf zur heiligen Zahl sieben und darüber tut der Gams es nicht), nach den Beschlägen also, niedertut, die Pinselhaare mit den übrigen Bauchhaaren verkleben und von der ganzen Pracht dann eine Zeitlang nur wenig mehr zu sehen ist, auch wenn der Bock wieder auf den Läufen steht. Das hat schon ein paar gute Böcke vor meinem Blei gerettet. Walte St. Hubert, daß mir aus Irrtümern nie Schlimmeres entstehen möge!

Einmal beobachteten wir von der Schneid in ein sehr weites Kar hinunter einen besonders guten, wenn auch etwas engkrukkigen rudelbeherrschenden Bock. Ich kam über sein Alter lange nicht ins klare, weil man, dem Bergerfahrenen ist das nichts Neues, von oben her den Pinsel schwer sehen kann. Und das Gesicht eines Gams (darauf möchte ich gleich näher eingehen) gibt sehr oft auch keinerlei Aufschlüsse. Etwas abseits von seiner übrigen Schar trieb er in der den Gams eigenen langsam zottelnden und ob häufigen Verhoffens unschlüssig wirkenden Art eine Geiß. Er beschlug sie, tat sich nieder, ward wieder hoch und ergänzte das Vorgetane mit drei weiteren Beschlägen. Schließlich kamen wir, der Jäger Wolfgang und ich, dahingehend überein, daß es ein älterer Bock war, den man schießen durfte. Ich zögerte, aber weshalb, wußte ich selber nicht, noch ein Weile herum. Wahrscheinlich war es diese paradiesische Zweisamkeit, die zu zerstören ich mich scheute.

Da auf einmal stupfte der Jäger mich in die Seite und deutete über mich hinüber auf die links von mir ziemlich steil ansteigende Schneid. Ihr entlang kam in langsamster Suche ein Gamsbock gezogen. Er mußte soeben erst von der in unserem Rücken gelegenen Alm her auf den Grat heraufgestiegen sein. Ein Vierjähriger war es wohl, mit starken, aber auch für dieses sein jugendliches Alter recht kurzen Schläuchen. Er kam mit der gewissen, für mich aufreizenden unschlüssigen Gamslangsamkeit (der Fuchs treibt es oft ähnlich) auf uns zu, und ich richtete meine Linsen wieder auf das Pärchen unten im Kar. Da stupfte der Wolfgang mich abermals: „Den Pinsel müassens oschaugn!" Der Bock war inzwischen bis auf 80 Meter herangekommen und in der Hinsicht (zumal wir ihm von unten her auf den Bauch schauen konnten) leicht zu begutachten. Der schwarze Ziegenbart, den er zeigte, war im Hochstadium, und damit schon nach einem kurzem Blick die ganze Lage verändert. Der in der Statur zwar stämmig gedrungene, aber eher kleinwüchsige Bock war zweifellos alt, und mit dem Schuß auf ihn würde ich keine Zweisamkeit zerstören. Als er über eine Wächte hinüberzog und bis zur Brust im tiefen Schnee steckte, schoß ich ihn ganz vorne aufs Blatt, um zu verhüten, daß er über die hohen Wände ins Kar hinunterstürzte. Er lag auch ein paar Sekunden regungslos auf der Schneid, bäumte aber dann verendend das Haupt jäh zurück, rutschte seitlich aus seinem Schneebett heraus, überschlug sich und sauste unserem Blick entschwindend in die Tiefe.

Nachdem wir uns in der nahen Hütte wieder etwas durchgewärmt hatten, holte der Wolfgang den Bock auf gefahrlosem Umweg herauf. Der Sturz hinunter in den unterhalb der Wände sehr tiefen Schnee hatte weder den Krucken noch dem Bart, noch dem Wildpret nennenswert geschadet. Er war im neunten Jahr. Ein, zwei Jahre hätte ich ihm, diesem Gewaltpinsel nach, mehr gegeben. Die Krucken sind so ziemlich die niedrigsten, die ich aus dieser Altersklasse erbeutet habe, mit kleinen Bogen,

C. W. Allers: Beim „Muasn"

(„Muasn" nennt man in Bayern das Schmarrnkochen.)

nur kurzen Schüben und schon vom fünften Jahr ab winzig schmalen Altersringen. Aber ohne Pinselkunde, in der die Lehrmeister meiner frühen Krickelwildjägerlaufbahn kaum bewandert gewesen sind, wäre er am Leben geblieben und der andere mit seinen sicher 18 Zentimeter hohen und wuchtigen Krucken statt seiner gestorben. Diesen letzten habe ich im nächsten Jahr noch einmal auf dem gleichen Platz aus ziemlich weiter Ferne gesehen und beschlossen, ihn anderen Tages anzugehen. In der Nacht aber kam der große Schnee jenes Vorwinters, und von da weg ist mir dieser Gute nie wieder begegnet. Es ist immer die gleiche Geschichte: Er war alt und nach Jahren des Herrschens und Austeufelns schließlich selbst zum Hinausgeteufelten geworden.

Maske

Was nun die Alterbestimmung beim Gams nach dem Gesicht, beziehungsweise dessen Zeichnung und Farbe anbelangt, so lassen sich dabei auch nicht allzu viele hieb- und stichfeste Anhaltspunkte gewinnen. Diese ganze Lehre gründet sich auf die Beobachtung, daß die Haare der das Gamsgesicht durchlaufenden schwärzlichen Zügel allmählich an Pigment verlieren, daß sie ergrauen. Das ist aber keineswegs immer der Fall. Und selbst das Grauwerden und Grausein der Zügel ist kein absolut sicheres Zeichen hohen Alters. Nach allem, was ich diesbezüglich erfragen konnte, scheinen überdies auch hier örtliche Verschiedenheiten gegeben zu sein.

Bei den Gams in unseren Bergen hat das Verfärben der Zügel verschiedene Erscheinungsbilder: Da gibt es das allmähliche, gleichmäßige Blasserwerden, das zum Ausbleichen der Zügel führt und schließlich die von Gamsjägern öfters erwähnte „Verwaschenheit" der Maske bewirkt. Ferner kommt das ausgesprochene Weißwerden der Haare im Zügelstreifen vor. Bei genauem Hinschauen ist in diesen Fällen das Weiß der Zügel ein anderes, mehr milchig-bläuliches, als das der Stirn und Backen. Und dann gibt es noch (und das scheint mir das sicherste Merkmal des Altwerdens zu sein) das Entstehen und allmähliche Sich-Vergrößern und -Ausbreiten grauer Flecken unterhalb der Lichter, „die gefrorenen Tränen", wie ich diese Erscheinungsform nenne. Aber ich habe schon oft zehn-, zwölf-, fünfzehnjährige Gams geschossen oder auf der Strecke gesehen, deren Gesichtszügel eben schwarz geblieben waren. Die Kontur war vielleicht nicht mehr ganz so scharf wie bei einem vier- oder sechsjährigen Stück und die Schwärze etwas stumpfer.

Aber wie soll man das, sogar wenn so ein Gams im Rudel steht und man Vergleichsmöglichkeiten hat, auch mit bester Optik sicher ansprechen!? Und selbst wenn! Den sicheren Schluß auf ein hohes Alter dürfte man doch nicht daraus ziehen. Weit eher erleichtert einem der Zügel, wenn er kohlpechrabenschwarz und scharfkantig das weiße Gesicht durchschneidet, ein Erkennen der Jugend bei Stücken so etwa zwischen dem fünften und siebenten Jahr. Denn manchmal hat man, vor allem im Sommer, wenn ein Gams im hohen Kräuterwuchs der Schläge steht, nur das Haupt zum Ansprechen frei, und ein fünf- oder sechsjähriger Bock hat sehr oft schon begehrenswerte Krucken. Also auch mit den aus dem Gamsgesicht sich ergebenden Anhaltspunkten hat es seine Schwierigkeiten.

Wildgewichte

In meinen, was zumindest die zahlenmäßigen Erfolge anbelangt, gesegnetsten Jägerjahren ist mir einmal beim Riegeln im Gebirg eine Strecke beschieden gewesen, wie sie, glaube ich, auch hohen und höchsten Waidmännern nur selten zuteil ward. Damals pflegten wir, wenn es auf die Hirschbrunft zuging, einige nahe der Landesgrenze liegende äußerste Ecken des Eigenreviers aus nicht schwer erfindlichen Gründen vorsorglich noch schnell „Richtung Heimat“ durchzudrücken. Wir unternahmen solches nicht nur der Bewahrung unserer guten Hirsche vor dem damals noch recht wählerischen nachbarlichen Blei, sondern auch der Erfüllung unserer zu jener Zeit noch selbstauferlegten Abschüsse wegen. Der Bestand war groß und bedurfte der Lichtung, andererseits mußte den Haupteinständen und -äsungsplätzen vor der Brunft tunlichst jede Beunruhigung ferngehalten werden.

Damals war es die „Wilde Grube“, die wir uns vornahmen. Ich saß auf einem Platz, der seit Menschengedenken den vielverheißenden Namen „Jageranstand“ hat und ihn seiner Gesamtbeschaffenheit nach auch voll verdient. Ein kleiner runder Feldkopf ist es, der zu einem schroffen Gewänd gehört, das wiederum aus einem sehr steilen, an die vierhundert Meter langen und zwischen fünfzig und hundert Schritt breiten, vielfach fest durchsetzten und mit nur wenigen Schirmfichten bestandenen Lahner herauswächst.

Der Jäger Mathias und einer unserer bergkundigsten „Kulturer“, wie bei uns zulande die Waldarbeiter genannt werden, sollten von Süden her in den Felskessel der „Grub“ hineinsteigen und dann noch ein weiteres, an vielen Stellen mit Laublatschen und rauhen Fichten bewaldetes Gewänd durchqueren bis her zu meinem Lahner. Das im Kessel oder in der Wand locker gemachte Wild, ob Rotwild oder Gams, nahm fast immer die quer zum Hang teils oberhalb und teils unterhalb des Jageranstands verlaufenden altbewährten Wechsel an, um die Geborgenheit der sich in meinem Rücken an den Lahner anschließenden und weit gegen Nordosten hindehnenden Wälder zu gewinnen.

Ein leicht föhniger, aber dennoch beglückend schöner Tag war es, und die Luft voll von spätsommerlich würzigen Düften. Wir waren vom Tal aus den weiten Weg heraufgestiegen, und ich hörte von fern her aus dem Inntal dunkles Mittagsglockengeläut, als ich meinen Stand erreichte. Das Angehen der beiden Gehilfen war nach der Uhr verabredet, und ich durfte die im Rucksack mitgeführte Brotzeit noch in aller Ruhe auf dem rauhen Scheitel des „Jageranstandköpfis" ausbreiten und langsam die beiden Gänge Speckbrot und Obst zu mir nehmen.

Der Sitz, den ich eingenommen hatte, war nicht gerade sehr bequem. Ich hatte ihn aber nicht nach Gesichtspunkten der Geruhsamkeit aussuchen dürfen, sondern so, daß ich, ohne meine Stellung jeweils allzu umständlich verändern zu müssen, sowohl steil nach oben wie nach unten Überblick und Schußfeld hatte und auch wirklich schießen konnte. Denn das hier beheimatete Wild war gegen Störungen in seinen Einständen besonders empfindlich und verließ sie meist, wenn auch nicht hochflüchtig, so doch im flotten Troll. Viel Zeit zum Schauen, Ansprechen und Schießen pflegte es einem im Überqueren des freien Lahners nicht zu lassen.

Die Treiber konnten noch kaum zehn Minuten unterwegs sein, als auf dem oberen Wechsel Rotwild kam. Anfangs sah ich hinter den Schirmästen einer Fichtengruppe nur das metallische Blinken der sonnbeschienenen, glatten Decken, dann das Gependel und Gefuchtel der hellen Läufe, und dann waren sie im Freien: voraus schon voll verfärbt eine wahre Riesin von einem Alttier und sein ihm an Stärke alle Ehre machendes Kalb, mit geringem Abstand folgte ein zweites Alttier, düsterkastanienrot und etwas niedriger als das erste, dichtauf ein auch schon graues Schmaltier. Die kleine Schar hatte fast die Mitte des Lahners erreicht, als es hinter den Fichten abermals aufleuchtete. Ein sehr guter Hirsch folgte, ein Eissprossenzehner mit schlohweiß blitzenden Enden am braunen Geweih! Nein, ein sehr guter, im Sinne von Reifsein, war's nicht, das sah ich jetzt, als er in deutlicher Einholabsicht hoch seine Läufe hebend über die Blöße trollte. Das Gesicht über dem aufrecht getragenen Hals drückte eine erheiternde Mischung von anmaßendem

Trotz und jugendlicher Ratlosigkeit aus. Die Wahl war hier nicht schwierig. Ich schoß zuerst dem kalblosen Stück, als es einmal kurz verhoffte, spitz von vorne auf den Stich und dann das erschrocken hinter der jetzt flüchtig auf mich zu stürmenden Mutter heräugende Schmaltier aufs Blatt. Es sank im Fleck in sich zusammen, noch ehe das Alltier verendet war. Nach zwei Sekunden des Erstarrtseins wendete das Leittier scharf bergan, der Zehner gesellte sich ihm in langen Fluchten schräg aufwärts zu. Ehe sie über die Schneid in die Schattseite hinunterstiegen, standen die drei, vorsichtig in die Richtung ihres weiteren Weges äugend, ganz frei vor dem türkisen Himmel. Die kühn ausgeschwungenen guten Zehnerstangen drehten sich noch ein paarmal im flutenden Mittagslicht hin und her, eh sie hinter den felsigen Kamm hinuntersanken.

Es war ein besonderes Glück, daß weder das Stuck noch das Schmaltier ins Rutschen und Kollern gekommen und daß sie nicht über die Wand, auf deren oberer Kante ich saß, hinabgefallen waren. Dieser Absturz war bösartiger als er sich ansah, Krucken- und Stangenbrüche, ja selbst ein Bruch des Rückgrates waren öfters als nicht die Folge. Da wir ein Seil bei uns hatten, konnten wir mit vereinten Kräften die Stücke herüber in die Laublatschen ziehen. Von da war's nimmer weit bis zu einem vergrasten Viehtrieb, der schließlich in den Almweg mündete. Während ich's noch dachte, knallten und polterten schräg vor und unter mir, noch im Wald, abgehende Steine in die Tiefe. Auch auf dem unteren Wechsel kam anscheinend Wild. Es dauerte aber eine ganze Weile, ehe ziemlich weit unten, so an die 180 Meter von mir entfernt, sehr vorsichtig und zögernd ein Hirsch auf die breite Geröllhalde, in die dort der Lahner auslief, herauszog. Ein kurzstangiger Gabelhirsch war's. Auf den Schuß zeichnete er mit einer Hochflucht und verschwand dann schräg abwärts in den die Halde säumenden Erl- und Buchstauden. Ich hatte keine Zeit, ihm nachzuschauen, denn zwei weitere Hirsche kamen jetzt etwas oberhalb in scharfem Troll über das Geröll. Ich sprach sie, so gut es ging, durch das Zielfernrohr an. Der vordere war ein hellstangiger, anscheinend ziemlich kurzendiger jüngerer Kronenzehner, der zweite war im Wildpret stärker, hatte ziemlich hohe, schon sehr dunkle Stangen und – das erkannte ich sicher! – keine Gabeln. Bis ich es angesprochen hatte, war er über die breite Riese hinüber, verhielt jedoch schon im Verschwinden, mit vom Buschwald bereits verdeckten Haupt, zum Glück noch einmal ruckartig. Vermutlich war der Zehner vor ihm stehen geblieben, um, ehe er den dahinter liegenden Almstreifen passierte, kurz zu sichern. Im Schuß sah ich den Hirsch nur mit einer nicht eben hohen, mir aber dennoch gewaltsam scheinenden Flucht in dem Durcheinandergewucher von Erlen, Buchen und Eschen verschwinden.

Noch während ich ihn bezielte, hatte ich gemeint, ziemlich dicht unter meiner Wand Wild herankommen zu hören, und als ich nun absetzte, sah ich auf dem Felsenwechsel, dem obersten unter dem „Anstand", ein Rudel Gams sich durch die Latschen zwängen und mit den dem Krickelwild eigenen übermütigen Purzelfluchten dem Lahner zustreben. Als sie ihn erreicht hatten, blieben sie mitten in ihm, nicht allzu beunruhigt, verhoffend stehen. Es waren weniger, als ich im ersten Hinschauen geglaubt hatte, fünf an der Zahl. Ich griff sofort zum Glas, denn eine hochkruckige vollfeiste Geltgeiß hätte noch gut auf diese meine sommerliche Bergjägerei für dieses Jahr abschließende Strecke gepaßt. Es war anscheinend kein Kitz bei der Schar, was mir die Zuversicht erhöhte. Aber mit wenigen raschen Blicken die lustigen Schwarzweißgesichter der ziemlich dicht beisammen stehenden Gesellschaft prüfend, erkannte ich zu meinem bassen Erstaunen, daß es fünf Böcke waren.

Das hinterste in den Laublatschen stehengebliebene Stück freilich hätte den Krucken nach eine Geiß sein können. Die mittelhohen Schläuche waren nicht stark, eng gestellt und schlecht gehakelt. Aber der trotzigbreite Satthals unter dem mir zugewendeten hamsterbackigen Gesicht konnte fast nicht einer Geiß angehören. Die zwei vordersten, die neugierig gegen die Alm hinunteräugten, auf der meine Schüsse laute Wechselgespräche der Sennerinnen von Kaser zu Kaser ausgelöst hatten, waren junge Böcke von freilich besten Anlagen. Mehr als vier Jahre gab ich keinem von ihnen. Dazwischen aber, von den anderen sozusagen respektvoll in die Mitte genommen, standen die beiden Besten. Allein ihren Figuren nach ließ sich dies unschwer ansprechen. Der mir etwas nähere war schon ziemlich weit im Haarwechsel. Wie ein schwarzer Teufel wirkte er inmitten der übrigen noch falbsommerfarbenen Gesellschaft. Seine Krucken durfte man fast als kapital bezeichnen, sie waren sicher 18 Zentimeter hoch, schön, wenn auch nicht übermäßig weit gestellt, und die starken Schläuche liefen in großen Bogen aus. Wahrscheinlich war es dieser Bock, den der Mathias im Vorjahr mehrfach hier in den Wänden und weiter unten am Almrand gesehen, mir genau beschrieben und immer wieder rühmend anempfohlen hatte. Ich würde ihn, an dessen Reife ich keinen Zweifel hatte, unbedenklich und ohne schuldhaftes Zögern geschossen haben, wäre nicht dicht hinter ihm und von gleicher Wildpretstärke der andere gestanden. Der hatte die wahrscheinlich stärkeren, jedenfalls sehr klobige Schläuche, die nicht hoch waren, dafür aber weit auseinanderstrebten.

Hätte ich nur der Kruckenstärke nach wählen wollen, dann wäre trotz alledem der Schwarze begehrenswerter gewesen. Aber es fiel da noch etwas in die Waagschale, was meine Aufmerksamkeit von ihm ab und schließlich ganz auf den anderen zog: Die Züge im Gesicht jenes Weitkruckigen waren nicht schwarz, sondern gleichmäßig grau, grau wie etwa ein wildlederner Handschuh. Mit anderen Worten: er hatte eine viel hellere Maske als die anderen. Es stand für mich außer Zweifel, daß er nicht nur unter diesen fünf Böcken der weitaus älteste, sondern daß er überhaupt hochbejahrt sein mußte. Damit war die Entscheidung gefallen und die Wahl beschlossen.

Ich glaube, daß der Bock in dem auf achtzig Meter genau auf die Blattschaufel gezielten Schuß verendet ist. Er fiel einfach um. Immer wieder die helle Bauchseite zeigend walgte er mehrmals um seine Längsachse abwärts, bis ein Felsblock ihn aufhielt.

Die anderen vier Böcke fuhren erschrocken durcheinander, verhofften nochmals in kurzer Ratlosigkeit, und dabei hätte ich dem jetzt erhobenen Hauptes von der Breitseite sich noch imposanter präsentierenden und schon sakravoltisch begehrenswerten Kapitalen gerade noch eine Kugel aufs Blatt schießen können. Aber erstens sollte dieses Durchdrücken eines spätsommerlichen Rotwildeinstandes sich nicht zu einem Gamsriegeln auswachsen, und zweitens – das Magazin meines Repetierers war leergeschossen. Dann aber fuhr der hinterste der Böcke, jener Geißkruckige mit dem starken Vorschlag, die Gefahr in irgenwelchen unterbewußten Tiefen seines Gamsherzens erfassend, langfluchtig unter die anderen hinein, und ich sah nur noch auf sich kraftvoll spannenden und vor wie ausfeuernd nach hinten schnellenden Läufen sich wieder streckende, schwarz bartbebänderte Ziemer zwischen den Feldblöcken und über sie hinweg abfahren, ein paar helle Spiegel noch und hinter ihnen zusammenschlagende Schirmfichtenwedel, Splittern von sperrigem Dürrgeäst, polterndes, klackerndes, rieselndes Gestein und dann wieder Sonnenstille.

Schon fünf Minuten später trat unten der Mathias auf die Geröllhalde heraus, und sehr bald erschien auch oben, genau auf dem Wechsel des ersten Rotwildrudels, der Georg.

Ich muß jetzt ein wenig vorgreifen, denn der Gamsbock war weil ich von unten her die Wand umgehen mußte, das letzte der von diesem an jenem Tag fürstlich beschenkenden Stand ausgeschossenen fünf Stücke, an das ich herantrat. Er war, da half alles Drehen und Wenden der Krucken und Zurückstreichen der Kopfhaare nichts, er war in seinem sechsten Jahr. Gewogen freilich hat er 64 Pfund. Wenn man von Ausnahme- und Spitzengewichten womöglich in der Hochfeiste, also vier Wochen später im Jahr, absieht (der schwerste von mir heimgetragene Gamsbock wog 72 Pfund, ein anderer soll auf der klobigen alten Waage des Zerwirkgewölbes ihrer 75 gezogen haben), wenn man davon also absieht, ist das die obere Grenze der Bockgewichte bei unseren Gams. Es hatte sich hier eben um einen jüngeren Herrn besonders vornehmer Abstammung gehandelt, um einen Dreißiger „mit grauen Schläfen", der aber, das scheint mir ziemlich sicher zu sein, die aparte Zierde schon von Geburt an mitbekommen hatte.

Diese nach genauer Begutachtung nicht mehr abänderbare Tatsache war der einzige kleine Tropfen Schafsgalle im Freudenbecher, als wir nach beschwerlicher Lieferarbeit unsere Strecke endlich vor einem der Almkaser zusammengeschleift, gelegt und mit den Brüchen geschmückt hatten und nach dem Löschen des Durstes mit Quellwasser und der Labung mit erdkellerkühler Milch, Almbutter, Almkäse und hausgebackenem Roggenbrot im Schatten saßen, unser Kraut rauchten und den Blick immer wieder über die fünf Schlafenden hingehen ließen. Genau wie dieser Sechsjährige mit seinen pfahlgerade auseinanderstehenden klobigen Schläuchen hätte der andere, der annähernd Kapitale, der allermindestens um drei Jahre älter war, hier in der Sonne ruhen könne. So etwas kommt vom Allzu-findig-und-gescheit-, vom Unfehlbar-sein-Wollen statt des gesunden, weniger komplizierten Sich-Verlassens auf den Gesamteindruck! Aber es war falsch, grundfalsch und undankbar war es, wenn ich mir die einmalige Freude dieses Tages durch eine Fehlentscheidung trüben ließ, die ich in rechter Absicht und aus einer mehr oder minder schuldlos in die Irre geführten Einsicht heraus getroffen hatte.

Die schwarzen Grillen schnarrten und flogen zuweilen rotflügelig aufbrennend in flacher Parabel über das kurzgeschorene Almgras hin, unzählbare andere Insektenstimmen durchsangen die abendgoldflirrende Luft, und die holden Bläulingsfalter wanderten im schwerelosen Taumeltanz zwischen den vom Spätsommer über die Almmatten bunt hingestreuten Blumen umher.

Die Hirsche waren beide von den Anschüssen weg weniger als fünfzig Meter weit gekommen. Der zuerst beschossene war, so wie ich ihn angesprochen hatte, ein Gabelhirsch vom zweiten Kopf mit kurzen, eben erst verschlagenen, noch fast weißen Stangen, aber der andere, der jetzt am rechten Flügel der Strecke lag, gab ihr die besondere Note und hatte mir heute die freudigste Überraschung bedeutet. Es war ein ungerader Sechser mit beiderseits nur daumenlangen, stumpfen Augsprossen und einem gleichfalls kurzen, hoch in der rechten Stange angesetzten Mittelend. Seine weit ausgelegten Stangen aber waren stark, von feinkörniger, reicher Perlung überzogen und wirkten allein schon ihrer Leere und der bis weit herunter weißen Spitzen wegen sehr hoch. Die Mähne war schon so gut wie ausgewachsen, das Haupt, wie die ganze Statur überhaupt, gedrungen und schwer. Vom siebenten oder achten Kopf etwa war er und hatte, wie wir anderen Tages feststellten, 240 Pfund Jagdgewicht. Und noch etwas hatte er: ein Paar herrlich haselnußbraune Grandeln, die freilich auf der Alm, die ihm als Sommerresidenz gedient hatte, zurückblieben, weil ich sie der gastlichen Sennerin zum Geschenk machte. Als ein Xenodoron im Sinn der alten Griechen, mit deren schön klingender Sprache wir auf dem Humanistischen Gymnasium traktiert worden waren. Nein, nein, es war schon so, ich mußte jedem Schatten von Betrübnis das Eindringen in diese Stunde verwehren. Wir stiegen in den sinkenden Abend hinein zu Tal. Morgen würden zwei Einspänneralmkarren die Beute hinunterholen. Müd war ich und froh und – um eine Erfahrung bereichert.

Einmal, an einem frühlingshaft warmem Novembertag, hielt ich von der luftigen Schneid aus in das vorne schon einmal beschriebene weite Kar des Almerer Tales hinunter Ausschau nach Gams. Was ich auf den zum größten Teil schneefreien

Lahnern an äsendem und schläfrig in der Sonne ruhendem Krikkelwild entdecken konnte, war nicht viel und ziemlich enttäuschend; ‚Geraffel' sagten die alten Gamsjäger. Ein paar jüngere Kitzgeißen, ein knappes halbes Dutzend Junggams, das war alles. Von meinem sonst guten Einblick gewährenden Sitz aus hat man einiger Überhänge halber keine Sicht in die von der Schneid fünfzig bis hundert Meter steil zu den Lahnern und Geröllfeldern des Kars abfallenden Wände. Deswegen war's eine erfreuliche Überraschung, als aus ihnen, nachdem ich etwa eine halbe Stunde gesessen hatte, auf einmal gut hundert Meter zu meiner Rechten zwei Gams auf die Schneid heraufgestiegen kamen. Ein Bock mit hohen, schön gestellten und gut gehakelten Krucken war es und eine eifrig vor ihm heräsende starke Geiß. Unzweifelhaft ein brunftiges Paar, und wahrscheinlich schon nach zumindest teilweiser Erfüllung, denn die beiden standen friedsam dicht beisammen. Flucht und hitzige Verfolgung hatten offensichtlich aufgehört.

Trotz alledem hatte der Bock keine rechte Ruhe, äugte ständig zurück in die Wände und äste nicht, was in solcher Lage, rebus bene gestis, sonst fast die Regel ist, wenn das männliche Stück sich nicht niedertut. Es dauerte auch keine fünf Minuten, bis ein weiteres Gams hinter den beiden, wie der schwarze Teufel im Kasperltheater, über die Schneid herauftauchte. Es war ein zweiter, gleichfalls nicht schlechter Bock. Hoch aufgestellten Bartes folgte er den warmen Fährten des Paares, und auch der erste, der anscheinend platzhaltende Bock stellte jetzt den recht guten Bart auf und legte die Lauscher zurück. Gleich danach fuhr er auf den Ankömmling los und jagte ihn in die Tiefe zurück.

Ich will es kurz machen: Wie sehr oft in der Gamsbrunft, löste diese kurze Jagerei (denn der Gute stellt sich schon nach wenigen Minuten wieder zu der Geiß) einen geradezu kirmeshaften Tanz aus. Vier weitere Böcke waren mit einemmal auf der Bühne. Zwei kamen hintereinander her von unten aus den

C. W. Allers: Der Träger

(Da Gamsriegler meist ohne Unterbrechung den ganzen Tag dauerten, wurde Verpflegung für die Schützen mitgeführt.)

Latschen herangefegt, zwei hatten anscheinend zuvor schon irgendwo in den Wänden gestanden, sechs Böcke also im ganzen, alles jagte sich, umkreiste sich, fuhr kampflustig aufeinander los. Nur der Platzbock stand unbewegt und erhobenen Hauptes dicht bei seiner Geiß und wollte, obwohl die anderen auch ihm mehrmals in belästigender Weise sehr nahe kamen, nichts mit den zügellosen Eindringlingen zu tun haben.

Ich war an diesem Morgen in friedlichster Absicht ausgezogen, und das hatte seinen gewichtigen Grund: Tags zuvor hatte ich bei einem besonderen Erlebnis mehr Glück gehabt, als ich's verdiente. Auf ziemlich weite Entfernung hatte ich auf einen anscheinend alten Platzbock mit unschön gestellten, niedrigen Krucken geschossen. Er stand bei einem vielköpfigen Rudel, in das er nach dem Schuß – er hatte mit zirkuspferdhaftem Aufbäumen gezeichnet – sofort so hochflüchtig hineinfuhr, daß ich trotz aufmerksamsten Nachschauens nicht mit Bestimmtheit sagen konnte, ob er den einen Vorderlauf dabei schonte oder nicht. Erschwerend wirkte noch, daß die Gams auf einem mit Felstrümmern besäten steilen Almhang gestanden hatten und es sich kaum unterscheiden ließ, ob die merkwürdig wilden Fluchten des Bockes vom Gelände verursacht oder doch Folge einer Laufverletzung waren. Ich hatte von einer Karwand auf die andere hinübergeschossen und die Gams nur in einem verhältnismäßig schmalen Durchguck zwischen auf meiner Hangseite stehenden Schirmfichten frei gehabt. So kam es, daß ich den Fluchtweg des Bockes nur etwa vierzig Meter weit verfolgen konnte. Als ich mir dann freieren Überblick verschafft hatte, war nirgends mehr etwas von ihm zu entdecken. Wahrscheinlich war er, wenn er nicht doch irgendwo unsichtbar zwischen den Blöcken lag, in das Gewänd des Heuraffelkopfes hineingeflüchtet, und es würde eine schlimme Nachsuche geben. Die Hauptfrage war dann, ob die Kugel einen der Vorderläufe gefaßt oder nur den Brustkern gestreift hatte.

Der Weg zum Anschuß war aus Geländegründen ziemlich

zeitraubend, und wir wollten an diesem Tag mittels einer längeren Pirsch unser Quartier auf die Feichtenalm hinüber verlegen, durften es also mit der Nachsuche nicht zu spät werden lassen. Ich holte den Jäger Andreas aus der nicht fernen Jagdhütte, die wir als Mittagstreffpunkt verabredet hatten und wies ihn von der Stelle, an der ich gesessen hatte, so genau wie möglich auf den Anschuß ein. Er sollte erst nach einer Stunde hinübersteigen, denn ich mußte mit etwas mühsamem Anmarsch den Heuraffelkopf umgehen. Die fast mit Sicherheit zu erwartende Hatz würde entlang irgendeinem der quer durch die Wände verlaufenden Hauptwechsel südwärts gehen, und so wollte ich ihr dort vorgreifen. Weshalb, weiß ich nicht, aber ich war schlecht zu Fuß an diesem Tag und erreichte meinen Stand viel später, als wir's verabredet hatten. Hund und Bock hatten vermutlich schon geraume Zeit das Heuraffelgebiet durchquert und verlassen. Ich hätte während meiner Umgehung des Massivs nichts von der Hatz hören können. Und trotz langen angestrengtesten Horchens schlug mir von nirgends her Standlaut ans Ohr.

Müde ließ ich mich auf einem sich wie ein steinerner Stuhl anbietenden Block unterm Schirmgeäst einer Fichte mit gutem Schußfeld auf die Wechsel nieder. Unter mir, oft weniger als hundert Schritte entfernt, spielten mehrere zwei- und dreijährige Jungböcke mit gleichalterigen Schwestern und Kusinen in hochspringendem Übermut ein wenig Brunft, oder sie ästen Windfang an Windfang friedlich auf den Grasstreifen im Geröll. Wie konnte das sein? Hatte es gar keine Hatz gegeben, war sie ruckaus gegangen, hatte der Andrä den Bock gefunden oder ihm von mir nicht gehört den Fangschuß gegeben!? Eines stand fest: hier oben hatte es keine Beunruhigung gegeben! Ich beschloß eine längere Rast mit verspätetem Imbiß. Es war früh genug, wenn ich beim Hinabsinken der Sonne hinter den vom Nebeldunst der Niederung verhüllten Höhen des Böhmerwaldes die Feichtenalm erreichte.

Nun, und dabei war es dann geschehen, daß vor mir in den

Wänden auf einmal ein pechschwarzes Gams auftauchte. Nachdem es sehr lange sichernd still gestanden hatte, zog es schräg aufwärts, und da brauchte es dann nimmer viel Schauen, um zu erkennen, daß es den linken Vorderlauf nicht gebrauchte. Es war der angeschweißte Bock! Ich konnte ihm die erste Kugel nur noch waidwund antragen, ehe er hinter Latschen in einer Mulde verschwand. Zum Glück ta er sich, wo er stand, sofort nieder, und auf den zweiten recht schwierigen Schuß (nur eine Handbreite des schwarzen Halses unter der weißen Kehle war noch sichtbar) stürzte er verendet in die Tiefe. Auch das war wieder ein Glück, denn es hätte in dem hier sehr brüchigen Fels einer heiklen Kletterei bedurft, um da hinauf zu gelangen, wo er die Verendkugel erhalten hatte. Ich konnte nicht mehr zu ihm hinuntersteigen, es war vier Uhr vorüber, und das mit Umwegen verbundene Hinunter und wieder Hinauf hätte mich viel Zeit gekostet. Erst bei schon voller Nacht wär' ich dann zur noch fast eine Stunde entfernten Hütte auf der Feichtenalm gekommen, und die Jäger, die meine Schüsse vielleicht gar nicht gehört hatten, würden sich schon aufgemacht haben, nach mir zu suchen.

So durfte ich, glücklich über den wenn auch nicht wirklich verdient guten Ausgang – ich hatte eben doch irgend einen Zielfehler gemacht, noch ein Rauch- und Dankopfer in Brand setzen und die wunderbare Abendstille der Gipfel um mich her auf mich wirken lassen. Und damit es nicht gar zu einsam beklemmend wurde, entschloß ich mich, die mitgetragene Flasche Tirolerwein zu entkorken und meinen alten Silberbecher, der seit fast zwei Jahrhunderten Gott weiß wem allem aus der Vorfahrenschaft auf Reisen gedient hat, einmal bis zum „Ranft", wie die Alten das nannten, zu füllen.

Später erfuhr ich, daß die sonst zuverlässig auf Schweiß arbeitende Dachsbracke des Andreas, die freilich in der Folge, vielleicht des Alters halber, immer öfter versagte, den Anschuß, an den sie bis auf wenige Meter herangeführt worden sein mußte, nicht gefunden oder nicht angenommen hatte. Sie leitete den Jäger zweimal auf falscher Fährte ins Leere, und da meine Darlegungen über Schußzeichen und Erfolgsaussicht sehr skeptisch gewesen waren, kam der Andrä schließlich zu dem Schluß, daß der Bock entweder einen leichten Streifschuß haben müsse, oder daß unter der Kugel zerspritzendes Gestein sein Zeichnen verursacht habe. Er brach die Nachsuche ab und war noch vor mir, der ich einen nicht so direkten Weg gewählt hatte, auf meinem Vorpaßplatz, auf dem er mich nicht fand, weshalb er dann den Weg zum Tagesziel fortsetzte. Der kranke Bock war somit nicht angerührt worden und gegen den Abend zu, vermutlich um seiner größeren Sicherheit willen, höher in die Wände hinaufgestiegen. Es ist mein Ernst, wenn ich sage, daß ich in solchen Fällen an gute Geister glaube; die seinen und die meinen hatten sich diesmal zusammengetan.

Und das alles war der Grund, weshalb ich mir zwar nicht gelobt, aber doch vorgenommen hatte, während dieses Ausfluges ins Gamsgebirg keine Kugel mehr zu versenden. Meist aber stellt dem guten Vorsatz sich bald die Versuchung entgegen. Und hier hatte ich sie. Nicht etwa, daß diese sechs Gamsböcke ein Anlaß gewesen wären, einen von ihnen, den besten versteht sich (und drei waren wirklich gut!), unbedingt zu schießen. Der Teufel hatte sich's anders ausgedacht: Jetzt, da die fünf anderen um ihn herumstrichen, -jagten und -purzelten, da ständig vor, hinter und neben ihm andere Bockgesichter waren, erkannte ich erst deutlich, daß die Zügel des Platzbockes silbrig erschimmerten und daß er unter den Lichtern weißliche Flecken hatte. Ich zog den Schluß, daß die ganze schon einigermaßen abgekämpfte Bockschaft dieses Kars um eine der letzten brunftigen Geißen ihren Reigen drehte und daß der Senior sich unter ihnen Autorität und bei der Schönen den ersten Platz verschafft hatte.

Gesehen hatte ich diesen Alten auch während der vergangenen Jahre noch nie. Er gehörte der Familie der „Großen“ an, jener höheren, längeren, im Gewicht schwereren Gams, die etwa ein Drittel unseres Bestandes ausmachten. Auch ihre Häupter sind größer und länger, die Stirnen breiter, die Gesichter edler, und sie alle haben hohe, schön gestellte, großbogige Krucken, deren Schläuche nicht gerade dünn, meist aber von nur mittlerer Stärke sind. Wie ein König stand der Silberhäuptige, mit der Brust seine Geiß fast berührend und die anderen Böcke, von denen zwei, was Masse anbelangte, sicher ebenbürtige Krucken trugen, überragend, inmitten der unruhvollen Schar.

Es ist immer ein Glücksfall, einem solchen Altbock zu begegnen, der nur selten mehr der Beanspruchung durch die Herrscherpflichten des Platzbockes bei größeren Rudeln gewachsen und deshalb während der Brunft nicht allzu oft sichtbar ist. Und zudem ist die Zahl der ihm noch beschiedenen Lebensjahre ungewiß.

Ich wurde schwach, wenn auch mehr durch Überlegung verführt, als von der heißen Wallung des Jägerblutes mitgerissen. Und die Strafe, wenn man in diesem besonderen Fall so einen Begriff als berechtigt anerkennen will (ich tu das rückerinnernd heute noch nicht), die „Strafe“ also folgte: Der silbergesichtige Senior erwies sich als im siebenten Jahr! Dabei war das Silbrigsein der Zügel kein höllischer Trug, es war Wirklichkeit gewesen. Ich habe übrigens selten ein Gams in so voller Flucht gesehen wie diese einzelne Geiß, als sie sich den jetzt nur noch fünf Bedrängern entzog. Sobald sie merkte, daß ihr Beschützer ihr nimmer zur Seite stand, flog sie beinahe durch die Luft über die Wand hinunter und fuhr unten in die Latschen hinein, daß sie schwankten, als zauste sie ein starker Wind. Sie wollte anscheinend keinesfalls den übrigen Freiern preisgegeben sein wie einst Penelope. Diese Beobachtung trug nicht dazu bei, die Reuegefühle zu beschwichtigen, die wenige Minuten später in mir aufstiegen, als ich die Krucken ihres Gefährten geprüft hatte.

„Anitzt die Gegenprob“ heißt es bei Gerhard Hauptmann im Florian Geyer. Es gibt auch alte Gams mit jungen Gesichtern.

Auch von ihnen ließe sich manche Geschichte erzählen (gleichwie ich von den nicht alten mit Greisenmerkmalen noch einiges mitzuteilen hätte), aber ich will's bei der einen folgenden belassen.

Das war noch in einem der letzten Jahre des Waffenbesitz – wie auch des Jagdverbotes durch die Besatzungsmacht. Wir hatten gegen manchen von deutscher Seite kommenden Protest unser Polizeigewehrchen zugeteilt erhalten, und obwohl ich darauf verzichtet hatte, es selber zu führen, war ich durch das legale Vorhandensein eines Feuerrohrs im Revier der bedrohlichsten Sorge um ein Entdecktwerden meines nie ganz unterbrochenen Jagens ledig geworden, denn die peinlichste Frage, die damals von den Amerikanern gestellt werden konnte, war die nach der „Tatwaffe".

Eines Abends stieg ich in das Wallnertal hinauf, einen schon ziemlich weit im Süden und somit landesgrenznah gelegenen Revierteil. Ich weiß nicht, ob auch bei anderen Jägern die Jahre der Enthaltsamkeit sich so belebend auf die Schießfreudigkeit ausgewirkt haben wie bei mir. Der damals schon über siebzigjährige Förster Pfaffinger gestand mir, daß er, zum Abschuß eines im Bauernwald Schälschaden verursachenden Hirsches beauftragt, dem jungen Zehner vier Kugeln gegeben habe obwohl er gesehen hatte, daß schon die erste auf dem Blatt saß und der Hirsch binnen weniger Sekunden daran verenden mußte. „War halt gar so schöa, wia's endli wieder kracht hat!" Ich konnte ihn verstehen und beanstandete das unnötigerweise zerschossene Wildpret nicht. Von ähnlichen Reaktionen haben mir in der damaligen Zeit auch andere reife und sonst ruhige Waidgenossen erzählt.

Nun und an jenem Augustabend hatte ich mir vorgenommen, wieder einmal einen Sommergams zu schießen, wovon ich durch Jahre erst freiwillig und später notgedrungen Abstand genommen hatte. Dabei empfahl es sich, Alm- und Holzabfuhrwege sowie gut einsehbares Gelände zu meiden, denn unter den die Forste im Wallnertal betreuenden staatlichen Grünen war vor allem einer mir „nicht grün“, und der wiederum hatte einige treue Kameraden aus braunen Tagen als Schnüffler und Zuträger eingesetzt. Aber in dem dortigen Fels- und Waldgehäng, das von vielen meist durch Erdrutsch enstandenen Gräben durchzogen wird, ist's nicht ganz so leicht, den Aufpasser zu spielen.

Um die schönste Sommerabendstunde, als die Sonne schon hinter der Schneid meiner westlichen Talseite verschwunden war und der Wind gerade anfing, bergab zu ziehen, kam ich an einen guten Bock. Im Gebäude stark und vollfeist, hatte er nicht überhohe und nicht allzu weit ausgelegte, aber grobmassige Krucken. Ein „Klachl“ sagt bei solchen Gelegenheiten der bajuvarische Alpenjäger. Ahnungslos äste er etwa 140 Meter über mir im hohen Kräuterwuchs eines jener Erdrutschgräben, in denen sich der lockere lehmig-sandige Grund oft durch Jahrzehnte nicht beruhigt, bis die auf den offenen Stellen immer wieder aufgehende Fichten- und vor allem Buchensaat ihn endlich neu befestigt. Anfangs wollte ich ohne viel bewertendes Gefackel gleich schießen. Den Platz konnte man sich günstiger nicht wünschen, der Graben verschlug und schluckte den Schall, der über das Gestein sommerlich leise hingluckernde Bach, in dessen Bett ich heraufgestiegen war, würde beim Aufbrechen hilfreich sein und zu der befriedeten Rast und Wacht am geschossenen Wild einen Hintergrund abgeben, als hätte ein Maler der Romantikerzeit ihn nach langem Herumsuchen ausgewählt. Beim Erschauen des Wildes war ich hinter einem großen Stein ins Knie gegangen. Wozu jetzt noch warten!? Aber gerade weil keine Gefahr bestand, daß der mitten im unbewaldeten Graben stehende Bock mich eräugte, durfte ich mir noch etwas Zeit lassen, und so zog ich, obwohl mir das Schußfieber schon in die Kehle gefahren war, doch das Perspektiv zu genauerem Ansprechen aus dem Rucksack. Ja – und dadurch war es wieder einmal vorbei mit der glücklichen Unbekümmertheit, deren sich die Gamsjäger, auch die waidgerechten, noch zu Anfang dieses Jahrhunderts erfreuen durften. Für die wäre das ein sehr guter Gamsbock gewesen, für mich wurde er jetzt, da ich sein Haupt mit dem kräftigen Kruckenpaar in den Linsen hatte und sich beim eifrig genäschigen Äsen hin und her wenden sah, zu einem jüngeren Bock, der wahrscheinlich sechs, vielleicht auch schon sieben, möglicherweise aber auch nur fünf Jahre alt war. Um mich darüber hinwegzusetzen, reichten bei mir, der ich, wehe, ein Enkel war, selbst die durch ein paar Jahre angestauten Schießgelüste nicht aus.

Diesen Bock sah ich in den folgenden Sommern mehrmals und immer in dieser von ihm erwählten heimlichen Gegend wieder. Als er meiner Einschätzung nach mindestens neunjährig war, stand es erneut auf Spitz und Knopf, daß ich ihn geschossen hätte. Damals fuhr ich per Kettenkrad zu Berg, und dabei sitzt der nicht Lenkende (wie der Feldartillerist von einst auf seiner Protze) mit dem Rücken zur Fahrtrichtung. Es ist ein herrliches Gefühl des Aufwärts-entführt-Werdens, wenn man mit solcher Schau immer höher und höher steigt, wenn die Wipfel der Bäume, an denen man soeben erst vorbeigefahren ist, unter einem in die Tiefe sinken, andere Kulissen aufwachsen, neue Täler und hinter ihnen neue Welten sich auftun.

Über all dem aber entging mir das starke Gams nicht, das auf einem mit Bergkräutern dicht überwucherten großen freien Fleck im sehr licht stehenden Altholzhang jenseits des Grabens stand und mehr neugierig als beunruhigt zu dem rätselhaften großen Lebewesen hinüberäugte, das da im Gegenhang auf dem weißen Band des Menschenpfades knatternd emporkroch. Ich konnte den das Krad lenkenden Jäger Wolfgang gerade noch rechtzeitig auf die Schulter klopfen und zum Anhalten bringen, ehe Geäst und Gewipfel uns den Blick zu dem Gams wieder verwehrte. Das schnell auseinandergezogene Spektiv zeigte mir, daß es wieder mein Freund war, der sich, diesmal ein wenig tiefer als sonst, innerhalb seines alten Sommerbereiches in die volle Feiste hineinäste. Vier Jahre waren seit unserem ersten Zusammentreffen vergangen. Jetzt durfte ich ihn mir ohne hegerische Bedenklichkeiten leisten. Ich war zu ein- oder zweitägigem Bergaufenthalt auf dem Weg und wollte oben auf der Feichtenalm übernachten. Nichts aber vermag mir das Glück eines Hüttenabends mehr zu erhöhen, als wenn im Lampenlicht der bruchgeschmückte Hut mir vor Augen an der getäfelten Wand hängt. Über den Grabenweg hinweg bis hinüber zum Bock waren es etwa 180 Meter, das ist bei der Pirsch im Gebirg eine Entfernung, die noch ein gutes Stück diesseits der äußersten Grenze für einen Büchsenschuß liegt.

Schon hatte ich eine Patrone aus dem Magazin in den Lauf repetiert, da geschah etwas scheinbar Unbedeutendes, das vielleicht auch in Verbindung damit, daß dieses arglose Wildgeschöpf mir im Lauf der Jahre ans Herz gewachsen war, dem Bock das Leben rettete. Er hatte mit seiner Abendäsung anscheinend eben erst begonnen, war hungrig und unterbrach sie nicht gern. Deswegen senkte er aus dem interessierten Verhoffen heraus mehrmals das Haupt, um schnell ein paar Kräuter zu pflücken und sie, während er wieder zu uns heräugte, mit hin und hermalmendem Unterkiefer im Äser verschwinden zu lassen. Dabei begab es sich nun, daß er ein mehr als handflächengroßes Pestwurzblatt kappte und vom Stiel her so in den Äser nahm, daß die weißliche Unterseite nach oben gewendet war. Und mitten im Hineinkauen hielt er, auf einmal schärfer herüberäugend, inne. Das ergab einen Anblick von unwiderstehlichem Zauber, den ich nie zuvor je gehabt habe. Es sah genau so aus, als hielte er mir eine Silberschale hin, um für den Berggeist, seinen großen Beschützer, eine Opfergabe zu erbitten. Nun, und ich zögerte nicht, sie zu geben, indem ich die Büchse wieder entlud und nach einer Weile weiteren Schauens meine Fahrt fortsetzte.

Von da weg aber blieb der gute Gamsbock vom Wallnertal durch Jahre verschwunden. Niemand hat ihn zur Sommerszeit auf einem seiner Lieblingsplätze in der Sommerresidenz wieder gesehen. Unter den von mir, meinen Gästen oder den Jägern erbeuteten Krucken befand sich die seine nicht. Ich hätte sie sehr wahrscheinlich wiedererkannt. Aber da war ja noch die Landesgrenze, waren die Tiroler Nachbarjagden und – waren auch einige Wildschützen. Wahrscheinlich war er (während der Brunft hatten wir ihn merkwürdigerweise nie irgendwo gesichtet) schon im nächsten November vor eine, wahrscheinlich die unwürdigste dieser fremden Büchsen hingetollt. Ich kann nicht leugnen, daß ich voll unguter Gefühle seiner gedachte, wenn ich zur Spätsommerzeit jenes Gebiet durchpirschte.

Fünf Jahre später riegelten wir Anfang Dezember im alleruntersten Ausläufer des Wallnertals ein zu einem kleinen Felskopf aufsteigendes Gehölz auf Kahlwild durch. Dort war einmal, noch bevor ich das Licht der Welt erblickt hatte, ein jetzt längst verfallener Futterstadel gestanden, und das Rotwild hatte dem Platz anscheinend Anhänglichkeit bewahrt und fand sich zu Beginn des Winters immer wieder hier ein. Ich wollte den obersten Schützen machen, und der Aufstieg zu meinem Stand führte über eine sehr steile Oetz hinauf. Eine Oetz, um dies dem Nichtbayern zu erklären, ist eine Hochwiese, auf der ihrer Steilheit und Steinigkeit wegen nicht geheut wird, die man nur als Viehweide benützt, so etwas wie eine an die Wiesengründe eines alpinen Bauernanwesens sich bergwärts anschließende Miniaturalm. Wenn sie auf einem Südhang liegt, so daß der Schnee leicht von ihr wegtaut, dient sie nicht selten den sich oberhalb im Wald einstellenden Gams als winterlicher Äsungsplatz.

Während ich nun damals so eilig wie möglich meinem Stand zustrebte und mehr auf den steinigen Pfad als auf seine Umgebung achtete, kreuzte ich, aus einem Schirmfichtenhorst heraustretend, auf einmal eine ganz frisch in den nur knöcheltiefen Schnee geprägte Gamsfährte und sah mich aufblickend auf nur etwa 50 Meter einem guten Bock gegenüber, der mir direkt ins

Gesicht äugte. Damals war die Schußzeit auf Bartböcke gerade erst bis zum 15. Dezember verlängert worden (eine Verfügung, die ich, nebenbei bemerkt, für verfehlt halte), so daß ich, noch an die alten Gesetzte und Gezeiten gewöhnt, zunächst nicht ans Schießen dachte. Da ich überdies mit der Gamsstrecke dieses Jahres zufrieden sein durfte, beschloß ich, als mir einfiel, daß die Jagd noch offen war, diesen Unverhofften nur mitzunehmen, wenn er unzweifelhaft alt wäre, was, da er sich so talnah eingestellt hatte, ziemlich wahrscheinlich erschien. Der Bock blieb weiterhin regungslos vor mir stehen, vom Pinsel sah ich nichts, weil ein paar Jungfichten mir den Rumpf zur Hälfte verdeckten, aber sein Gesicht war voll von der Sonne beschienen, und das schaute ich mir durchs Glas genau an. Da aber war keine Spur von Weiß oder auch nur von silberner Bereifung auf den schwarzen Zügeln. Ein wirklicher zehn- oder zwölfjähriger Altbock konnte er nicht sein. Ich beließ also die Büchse auf der Schulter. Und dann schien er sich endlich an mir, den er beim Heraustreten aus den Schirmfichten hatte erkennen müssen, satt gesehen zu haben. Er stieß einen Pfiff aus, und ihn mehrmals wiederholend, flüchtete er den Felskopf hinan, den zu besteigen ich selber auch im Begriff stand. Die Krucken waren gut, vor allem die Schläuche sehr stark, auch der Pinsel war der eines älteren Bockes. Aber bei diesem rußschwarz gezügelten Gesicht konnte er, nein, er konnte nicht alt sein!

Aber der Jäger Karl berichtete mir, als er ein paar Wochen danach herauskam, um mir zum Neuen Jahr zu gratulieren, daß es mit diesem Bock das Rechte nicht habe. Er ließe einen niedergetan auf 100, ja auf 60 Schritte vorbeigehen, ohne hoch zu werden oder zu pfeifen. Er, der Karl, habe sich schon gefragt, ob der Bock nicht am Erblinden sei. Das war nicht ausgeschlossen, aber es konnte ihm auch sonst etwas fehlen. Und überdies, wenn seine Vertrautheit da hinten in den Einöden einmal bekannt würde, dann könnte sich doch einer finden, der's mit dem Kleinkaliberstutzen auf eine Erprobung der Sehschärfe die-

C. W. Allers: Ausgehen zum Gamsriegler

ser Gamslichter und des eigenen Zielauges würde ankommen lassen wollen.

Ich suchte um Abschußerlaubnis nach und erhielt sie gleich über den Fernsprecher, weil in der Umgebung schon in mehreren Fällen bei Gams Befall mit der Augenmilbe (Rickettsie) festgestellt worden war. Ja und dann nahm alles einen freundlichen Verlauf. Mir waren bei ruhigem Abwägen aller an ihm gemachten Beobachtungen Bedenken gekommen, ob dieser Bock nicht doch älter war, als ich's bei meiner Begegnung mit ihm angenommen hatte. Und weil ich, was hochbejahrte Gamsböcke anbelangt, immer einen schlechten Anlauf habe, behielt ich mir selber den Abschuß vor, mir dem ich bei einem Mittelbock, schon des begehrten Nachweihnachtsbartes wegen, einen der Jäger beauftragt hätte. Den Karl wies ich an, mich unverzüglich zu verständigen, sobald der Bock auf jener Oetz wieder auftauchen wollte. Und genau an dem Fest der Heiligen Drei Könige, einem funkelnden Wintertag nach kurzem nächtlichem Schneefall – wir saßen beim Mocca vor dem blaßgrün gewordenen Weihnachtsbaum, der anderen Morgens abgeräumt werden sollte – kam der Jäger bei mir vorgefahren: „Der Bock steht oben in der Oetz!"

Ich fuhr nur schnell in die Überschuhe hinein, nahm Büchse und Glas, und dahin ging es bis zu dem großen Lagerplatz am Eingang des Wallnertals. Die Pirsch war einfach: Wir mußten, einem Ziehweg folgend, im knapp fußtiefen Schnee, waldgedeckt ein paar hundert Meter talein gehen bis zu einem Loshieb, der Blick und Schußfeld in den Gegenhang, eben jene Oetz, freigab. Und als wir dort ankamen, stand drüben, ein gutes Stück höher als wir, der Bock. Er hatte uns, als wir auf dem ungedeckt über den Schlag führenden Ziehweg sichtbar wurden, sofort eräugt und verhoffte regungslos zu uns herunter. Von Augenmilben war der nicht befallen. Ich wollte es auf keine weiteren Erprobungen seines Reaktionsvermögens ankommen lassen und schoß, den durch den schnellen Aufstieg unruhig gewordenen Atem beherrschend, hinauf. Ohne Zeichen und danach ohne einen Lauf zu rühren, sank der Schwarzzottige auf der Stelle in sich zusammen.

Nun, ich glaube, daß ich es nicht noch eigens mitzuteilen brauche: Er zeigte fünfzehn Jahresringe, hatte nicht übermäßig hohe, aber sehr starkschlauchige und gute Krucken, kaum noch Bart und war neunzig zu zehn mein alter Freund, der Sommerbock, mit dem ich ein Jahrzehnt zuvor im Wallnertal meine erste Begegnung gehabt hatte. War er mir von seinem starken Beschützer, dem Geist dieses Wald- und Felsentales, jetzt, da er die Grenze seiner Tage erreicht hatte, zugeführt worden? Oder ließ es sich, da ich es vor allem war, der hier jagte, mit der Wahrscheinlichkeitsrechnung nicht ebenso und noch einfacher erklären? Wie man es auch ansah, das Schicksal hatte es diesmal mit uns beiden gut gemeint.

Ich glaube an die Duplizität als an etwas Elementares, als an so etwas wie ein Gesetz der Natur innerhalb ihrer Gegebenheiten und Verläufe. Deshalb sei es mir erlaubt, um einer ergänzenden Geschichte willen den Gamspfad kurz zu verlassen.

Es liegt jetzt auch schon an die zwei Jahrzehnte zurück, daß ich zu einem „Blattzug", wie ich solche ein- bis zweitägige Blattpirschen im Gebirg nannte, auf dem Jagdhaus Winterstube Aufenthalt genommen hatte. Als wir in der Frühdämmerung (noch waren nicht alle Sterne erloschen) aus der Haustüre ins Freie traten, entdeckten wir hoch oben im gegenüberliegenden Almhang ein in der allerersten Morgenröte fast weißlich aussehendes Reh, das sich mit tiefem Windfang durch die dort angeflogenen Jungfichten schob. Seinem Benehmen nach war es wahrscheinlich ein suchender Bock, und weil wir oben im Bergrevier nur einen dünn verteilten, einen weit verstreuten Rehbestand haben (unten im Tal ist das anders), beschloß ich sogleich, den zwei mich an dem Tag begleitenden Jägern vorauszueilen, drüben auf der Alm, die wir ohnedies passieren mußten, ein Stück anzusteigen, um dort dann zu blatten. Wenn dieses inzwischen in irgendeiner Mulde verschwundene Reh wirklich ein Bock war, dann würde es wahrscheinlich zustehen und sich ansprechen lassen.

Ich fand einen netten kleinen Hügel, der kanzelartig den ziemlich steilen Hang unterbrach, auf dem ein kleiner Fichtenbusch mir Deckung und ein größerer Stein Auflage bot. Es eilte: Das Reh zog einer breiten Mulde zu, deren Rand nach Süden zu die Schneid bildete. Wenn es die erreichte, kam es mir außer Sicht, und meine Musik ihm außer Gehör. So stieß ich, kaum angelangt, kräftig „ins Blatt". Es dauerte nicht länger als eine Minute, da sah ich das helle Reh wieder. Hoch erhobenen Hauptes verhoffte es stichgerade zu mir herunter. Es war ein zweijähriger Gabelbock. Seine etwas über luserhohen Stangen paßten in der Farbe gut zu dem hellen Blond seiner Decke, sie schienen fast weiß zu sein. Das war also nichts für die begehrliche Kugel, auch hier oben nicht, wo sie ein wenig lockerer auf dem Pulver saß als sonst. Ich tat aber, was man nicht tun soll, weder beim Blatten, noch auf einer anderen Lockjagd. Obwohl ich den Bock als nicht schußbar angesprochen hatte, fiepte ich noch ein wenig weiter, um ihn, der neugierig auf etwa 150 Schritt aus den Fichten herausgetreten war, zu näherem Zustehen zu bringen. Er zog zögernd in einer komisch wirkenden Mischung aus Stechschritt und Schleichen näher, aber gleichzeitig klopfte es einmal von rechts her in hammerharten Fluchten über die freie Alm heran. Als ich den Kopf wandte, war das von dort in hohen Fluchten zustehende Reh schon auf 30 Schritt neben mir und eräugte, weil ich für diese Seite ganz ungedeckt auf dem Bauch lag, sofort meine zu jähe Bewegung. Herrschaftszeiten, das war jetzt aber ein Guter! Es war noch zu dämmrig, um ihn genau ansprechen zu können, aber ich sah sehr weit ausgeschwungene hellendige Stangen und ein weißes Gesicht, die dunklen Lichter waren wie von hellen Brillen eingefaßt. Und schon schlug er, das Hochzucken des Laufes nicht mehr aushaltend, um, stürmte genauso hochflüchtig davon, wie er angekommen war, und seines empörten Schreckens ward kein Ende.

Ich hütete mich vor dem Versuch, ihn durch weiteres Blatten zum Anhalten oder gar zur Umkehr bewegen zu wollen. Er war aus dem von vielen kleinen Weideblößen durchsetzten Fichtenuraltholz des „Nachtlagers“ hergekommen, dessen Benennung sicher auf irgendeine vergessene Wilderergeschichte zurückgeht. Dort würde ich ihn vielleicht an einem der nächsten Tage nochmals berücken können. Während ich aber meine Sachen zusammenlas, um die ursprünglich geplante Pirsch nun endgültig anzutreten, tönte zu meinem nicht geringen Erstaunen ein ärgerliches kurzes Nachschimpfen genau da, wo kurz zuvor der Gabler noch gestanden hatte. Sehr eilig zog dort jetzt wieder ein Reh den jungfichtenverwachsenen Almrand entlang. Was ich dem Laut nach schon vermutet hatte, bestätigte mir ein Blick durch das Glas: Es war derselbe gute Bock, der kurz zuvor neben mir gestanden hatte! Aber er ließ mir abermals weder zu genauerem Ansprechen noch zu einem Schuß Zeit. Immer wieder verschwand er mir hinter Schirmfichtenschöpfen und in Mulden. Es sollte ganz offenbar nicht sein. Aber an der Gegend, in die er vermutlich gezogen war, führte unser Weg vorbei. Ich wollte es dort dann noch auf einen Versuch ankommen lassen.

Und so tat ich. Selbdritt und mit Hund kauerten wir hinter den alten Rauhfichten des „Richterkessels“, und ich hatte noch keine zehn Fieptöne leise hinausgeschickt, als es schon von oben her rot durch die Stämme glitt und so schnell näher kam, daß ich den Bock erst in die Linsen des Zielfernrohrs brachte, als er schon schrotschußnah vor uns verhoffte. Ja, das war ein guter Bergrehbock, die Stangen waren nicht sonderlich stark und auch kaum geperlt, aber hoch, und die Rosen schienen groß zu sein, die Vereckung war sauber und blinkend weiß, und vor allem war es die Auslage, die das Herz schneller schlagen machte. Die aus Höhe, Endenhelligkeit und Weite sich ergebende pokalhafte Wirkung dieser Krone konnte einem das Blut schon in Wallung bringen.

Aber das Herz beruhigte sich wieder: der Hals des Bockes war schmal, die Brillen um die Lichter waren blond und nicht schneeig, wie's im Zwielicht geschienen hatte, und auch sonst sprach alles, Rumpf, Benehmen, keckes Geschau unter schwarzer Stirn, dafür, daß der Bock jung, daß er dreijährig war. Genauso ruhlos wie draußen auf der Alm, sicher auf der Suche nach seiner Geiß, von der er aus irgendwelchem Grund getrennt worden war, geisterte er schräg an uns vorbei durch den raumen Bestand, in dessen noch nicht ganz aufgelichtetem Vorsonnendämmer er sich alsbald verlor. Ich sicherte die Büchsflinte, und weiter ging es auf dem alle Tage neuen grünen Pfad.

Auch dieser Bock war einer, den man im Bergrevier sich merkte, und auch ihn habe ich nie wieder gesehen, obwohl ich mich schon im nächsten und in noch manchem der folgenden Sommer immer wieder auf ihn versuchte. Aber nirgends ließ er sich sehen, nirgends hielt er sich auf, nirgends sprang er aufs Blatt. Einmal glaubte ich ihn endlich entdeckt zu haben, in der Abendsonne nach einem Gewitter ganz zu Anfang des Monats Juli auf einem sehr großen, vom Ort der ersten Begegnung ziemlich weit entfernten Schlag. An seiner weiten Auslage war er nicht schwer wiederzuerkennen. Ich mußte mich, um eine saubere Kugel zielen zu können, über 300 Meter durch Mulden und Gräben näher heranpirschen und schoß den bei einem Schmalreh stehenden Sechser ohne besonderen weiteren Zwischenfall. Daß er es sei, glaubte ich auch noch, als ich die regennasse, sehr rauhe Krone aus dem Krautgewucher des sommergrünen Schlages hob. Aber gleich danach stellte ich fest, daß er es nicht sein konnte, denn der Gesuchte hätte zu der Zeit fünfjährig sein müssen, und der Erlegte war trotz zierlichster Figur sehr alt, eher vom zehnten als vom neunten Sommer. Er gehörte einer mir damals schon seit mehr als einem Jahrzehnt bekannten Rehfamilie an, deren männliche Vertreter ich die

„Kräuterböcke“ getauft hatte. Der an jenem Juliabend war der dritte, übrigens auch der letzte von mir geschossene Sproß aus diesem merkwürdigen und mir sehr reizvollen Stamm.

Die Kräuterböcke waren Halbzwerge, wogen in reifsten Jahren so zwischen 25 und 30 Pfund und trugen auf kurzem, breitstirnigen Haupt Kronen, die wie Miniaturnachbildungen des von den jagdlichen Klassikern mehrfach beschriebenen, in einzelnen Standardwerken sogar abgebildeten „Urbockgehörns“ aussahen. Sie hatten eigentlich alle die Vorzüge, die man sich von einer starken Rehkrone wünscht, sie waren klar und verhältnismäßig langendig vereckt, dicht geperlt, hatten gute Rosen, und ihre Hauptzierde war eine sehr weite, geradezu berückend schön geschwungene Auslage, aber sie waren – es gibt hierfür keinen jägerischen Spezialausdruck – sie waren klein.

Als ich den ersten Bock aus dieser Familie beim Blatten in einem ziemlich engen Stangenholz, in dem die geringe Figur nicht auffiel, geschossen hatte, meinte ich beim Herantreten und Beschauen seiner Wehr einen bösen Druckfehler begangen zu haben, und erst das Abtasten der Kiefer beruhigte mich.

Mit dem Namen „Kräuterböcke“ habe ich sie getauft, weil dieser zahlenmäßig nur kleine Stamm sich rund um die Kräuterwiese erhalten hatte und mir auch dort nur unterkam. „Die Kräuter“, wie sie im Volksmund heißt, war bis zur kürzlichen Erschließung durch eine Straße ein zauberhaft stilles Hochwiesental, das teils als Niederalm dient, dessen Gras aber zum Teil auch eingeheut wird. Wahrscheinlich ist diese Rehrasse durch Inzucht entstanden, geht auf einen einzigen edel gekrönten Stammvater und einige wenige ihm gehorsame Stammütter zurück. Ich glaube, daß während des ganzen vorigen Jahrhunderts auf den gleich unterhalb dieser nordwestlichsten Ecke der alten Herrschaft angrenzenden Bauernjagden kein Reh am Leben blieb. Die Kräuterwiese war das einzige sichere Eiland für ein paar Kitzgeißen. Über die rauhen Berge im Süden und

Osten aber wechselte wohl kaum je Rehwild in dieses kleine Tal des Friedens, aus dem zur Winterszeit ein unwirtliches Schneeloch wird. Trotz ihrer Kleinwüchsigkeit waren diese Böcke von königlicher Rasse. Auf Stichen und Bildern des achtzehnten und neunzehnten Jahrhunderts sieht man so edel geschwungene Gehörne. Und etwas von unwiederbringlicher Vergangenheit wehte mich jedesmal an, wenn ich von einem von ihnen, über seiner Krone sinnend, die Wacht hielt.

Das Verzwergen geht schnell. Die alten Chiemseefischer haben mir mehrmals erzählt, daß es auf der Herreninsel, die nach der Säkularisation und der damit verbundenen Zerstörung des Dominikanischen Klostergutes verwildert und dicht bewaldet war, neben anderem Wild viele Füchse gab. Wenn nun der See mehrere Jahre nacheinander nicht zufror, so daß die von Malepartus weder aufs Festland hinüber konnten, noch von dort Zuzug erhielten, also zur Ranzzeit Inzucht trieben, wurden sie schon im dritten, vierten Wurf klein wie die Katzen. Auch nachdem die Krone, will heißen Ludwig II., das Eiland erworben hatte, blieb ein reicher Wildbestand auf ihm erhalten, es wurde sogar zusätzlich Damwild dort ausgesetzt. Und als die großen Versailler Figuren für die Wasserkünste vor dem Schloß aufgestellt waren, gewöhnten die Füchse sich schnell an sie und lagen an sonnigen Herbsttagen schlafend in den steinernen Muscheln oder den Meerjungfrauen im schwellenden Schoß. Der König wehrte ihnen nicht, freute sich daran und ließ nicht zu, daß ihnen ein Leids angetan ward. Er war uferlos tierliebend und hat einmal das schöne Wort ausgesprochen, in dem sich zugleich die ganze Einsamkeit seiner eigenen Seele spiegelte: „Sie lügen nicht."

Ja, aber der Gesuchte war dieser Kräuterbock, so sehr ich mich auch an ihm freute, eben doch nicht. Nur etwas Seltsames trat ein: Von da ab erlahmte mein Eifer, vielleicht auch meine Zuversicht, ihn noch zu bekommen. Und allmählich vergaß ich ihn. Es gab noch andere Jägerfreuden und -leiden. Nur ab und zu, wenn ich auf dem Balkon des Jagdhauses stand und mir jener Augustmorgen ins Gedächtnis kam, wurmte es mich, daß nicht nur diese, daß ungezählte andere Enthaltsamkeiten nie ihre Belohnung gefunden hatten. Daß soviel von mir gesäte und groß- oder weitergehegte zukunftsvolle Jugend und auch beginnende Reife, geschaut und geschont, alsbald in die Wälder zurückgetaucht war, als habe sie sich in ihrem turmalinenen Dämmer zur Unwirklichkeit aufgelöst, daß sie nicht, und wenn wirklich einmal bei uns, sicher nie von mir geerntet ward.

Eines Spätnachmittages, auch wieder zu Anfang Juli, fuhr ich mit dem Jäger Wolfgang zum Jagdhaus hinauf, um ihm zwecks Weiterleitung an die Handwerker, deren Besuch bevorstand, nötige Weisungen zu geben. Während wir uns gerade auf dem Balkon besprachen, zog drüben im schon schattigen Almhang ein einzelnes stark rotgoldenes Reh aus. Durch unsere Gläser erkannten wir, daß es eine anscheinend kitzlose Geiß war.

Ich hatte kurz zuvor infolge einer wohlgefügten Kette aus Lügen und proletarischen Quertreibereien ein durch fast drei Jahrzehnte von uns gepachtetes Revier verloren, in dem dann auf das von mir angeblich überhegte Waldgetier ein mehr wildes als erfolgreiches Feuer eröffnet ward, das auch Kolbenhirsche nicht verschonte. Die neue Grenze verlief in nächster Nähe des Jagdhauses, und so freute ich mich an dem selten gewordenen Anblick eines Rehs. Außerdem paßte das ruhig vor sich hinäsende Wild gut in diesen wolkenlos friedsamen Abend mit Insektentanz, Grillenmusik, Kuhglockengetön und Bachgemurmel. Auf einmal aber trat ein zweites Reh unter den Schirmästen der mächtigen Almrandfichten heraus und zog gleichfalls äsend langsam hinter der Geiß her. Dieses Reh war schwächer als das erste, und seine Farbe war merklich dunkler. Es war ein geringer Bock. Um ihn als ziemlich dünnstangigen, wahrscheinlich zweijährigen Gabler anzusprechen, hatten wir das Perspektiv zu Rat ziehen müssen.

Ich dachte an meine Überhege, die jenseits der Grenze sicher die Begründung für ein diesem Bock zu sprechendes Todesurteil abgeben würde und beschloß, den Richtern zuvorzukommen. Das Hinüber- und Hinpirschen bei bergabziehendem Wind war nicht schwierig. Zehn Minuten später lag ich auf jenem kanzelartig aus dem Hang herauswachsenden Köpferl, von dem aus ich einst auf den an gleicher Stelle stehenden, in Morgenröte getauchten Gabelbock geblattet hatte. Alles ging gut, bis auf eine kleine Geduldsprobe des Abwartens, bis mir der Bock, mit dem ich mich ja nun auf gleichem Hang befand, endlich sichtbar wurde. Dann aber brach er im Schuß schlagartig zusammen und kugelte die Almhalde herunter, bis Fichtenbüsche ihn aufhielten.

Ich will es kurz machen: Es war ein ungerader Achterbock, weil er doch Sechserenden hatte und ihm aus einer Rose eine Art Augsprosse nach oben und vorwärts wuchs, und er war ur-, aber auch wirklich ur- und steinalt. Seine Decke hatte vor allem deshalb so dunkel gewirkt, weil er immer noch nicht ganz verhärt hatte. In der langen Reihe meiner Aschauer Rehböcke hat er nur zwei annähernd Gleichalterige, deren Molaren so wie die seinen zu einer einheitlich spiegelglatten Ebene zusammengeschliffen waren.

Als ich mir die weite, immer noch schwüngige Auslage der dünn gewordenen Stänglein anschaute, wußte ich auf einmal, was für einen Altbekannten, längst Totgeglaubten mir da der Zufall geschenkt hatte. Der Wolfgang und ich, wir rechneten nach: Es mußten allermindestens neun, genausogut konnten es zehn Jahre seit jenem Blatterlebnis mit ihm sein, die ins Vergangene hinübergeflossen waren. Er hatte vermutlich seinen Einstand, eben den, aus dem heraus er mir damals aufs Blatt gesprungen war, all die Jahre her beibehalten. Aber wer gibt sich schon damit ab, mitten im Rotwildrevier einen Rehbock auszumachen, noch dazu in einer so äsungsreichen, von hundert größeren und kleineren Blößen durchsetzten und dabei ganz unübersichtlichen Waldecke. Die paar Blattkonzerte, die ich ihm zu Ehren hier veranstaltet hatte, waren eben – wahrscheinlich, weil er gerade anderswo auf der Brautsuche weilte – ungehört geblieben.

Also manchmal, manchmal ist es doch so, daß man Verzichte spät, aber reichlich vergolten erhält: „Ein wohlgerütteltes ein überfließendes Maß . . .!" Hätte ich diesen Bock als Sechsjährigen geschossen, dann hinge ein gutes Sechsergehörn unter vielen anderen gleicher Bonität an einer meiner Wände. Da ist die greisenhaft verschrobene grillige Altachterkrone eines Zwölf- oder Dreizehnjährigen doch ein ganz anderes, ein viel selteneres, viel reicher erzählendes Geschenk der Wälder, noch dazu, wenn es schon außerhalb des Kreises der Möglichkeiten zu liegen schien. Gewisse Erlebnisse und gewisse Gewinne des Lebens sind innerlich miteinander verbunden und gehören zusammen. Das ist der Grund, weshalb ich diese Geschichte dazu erzählen mußte zu der anderen von dem fünfzehnjährigen Gamsbock im Wallnertal.

Wenn mir die Erinnerungen an diese beiden Hochbejahrten und noch ein paar andere ihrer Altersklasse vorüberzogen, dann beunruhigte mir früher manchmal die Frage das Jägergemüt, ob nicht gerade bei edlem Wild das Abwarten des Greisenalters doch die vornehmste und somit rechte Art des Erwaidwerkens wäre, das Mitansehen und Miterleben seiner Jugend, seines Sich-Entwickelns zur Vollkraft, zur in sich ruhenden Reife und nicht zuletzt das nur bei viel jägerischem Können mögliche In-Verbindung-Bleiben mit einem dem Herzen nahstehenden Stück bis in seine Überreife hinein.

Vom Anbeginn meines selbständigen Denkens hatte ich eine starke Abneigung gegen die Personifizierung des Todes. Mit den Jahren ist aus der gefühlsmäßigen Ablehnung fast so etwas wie bewußter Haß geworden. Der „Knochenmann", ganz gleich ob mit Meißel oder Stift oder Federkiel, ob von Bernini, Dürer, Breughel oder gar von Hans Holbein mit seinen grundalbernen Totentänzen dargestellt, ist ein Armutszeugnis der christlichen Geisteswelt, ein Versagen des Jenseitsglaubens gegenüber dem materiellen, dem augenfälligen Vorgang.

Es gab vor kaum mehr als einem halben Jahrhundert in hiesiger Gegend ein merkwürdiges, in wiederum von der Mutter erlernten okkulten Künsten bewandertes Geschwisterpaar, die Dammerlin und ihren Bruder, den Geiger Martin. Die Dammerlin, Gattin des Aschauer Gutswegemachers, hab ich nimmer gekannt, aber den Martei mehrmals besucht. In seiner guten Zeit verstand er sich aufs Blutstillen, das will heißen, er brachte Blutungen zum Stehen, ohne den Patienten, ob Mensch oder Tier, gesehen zu haben, ja sehen zu können. Von weit her kamen sie bei ihm angerast, mit dem Zweirad oder mit dem Roß.

„Martei, d'Muda verblüat si!" oder „. . . der Handige (Handpferd) is ins in a Fensterscheibn einatreten und bliat, daß die ganz Stallgaß scho raud is!" „Geht's nur weider hoam", pflegte dann der Geiger Martin zu sagen, „es hört scho auf jetzad." Und so war es auch. Wie er's bewirkte, haben wenn, dann nur ganz wenige, wahrscheinlich hat es überhaupt niemand erfahren.

In einer anderen Kunst war seine Schwester ihm noch über, aber auch er hat sich erfolgreich damit befaßt. Wenn irgendwo einem etwas gestohlen worden war, und er ging gleich zu ihm hin: „Jetzt hams mir a Schafi g'stohl'n!" „Wart a weni, kunnt sein, es geht no her . . .", sagte der Martei und zog sich in einen Verschlag neben der Tenne zurück. Entweder bekam man dann die Auskunft, es sei schon zu spät, er könne nimmer helfen, oder aber (und das soll häufig der Fall gewesen sein) er sagte: „I ko dir's grad no schaffen." Aber ehe er das dann auf unerklärte Art erreichte, mußte der Bestohlene ihm heilig versprechen, daß er den, der ihm sein Gut zurückbrächte, nicht anreden würde (das könne des anderen Tod sein) und daß er ihn ja nicht anzeigen dürfe. Dann kam, je nachdem, nach ein, nach zwei, nach drei Stunden (länger soll's aber nie gedauert haben) einer angelaufen, dem vor Anstrengung der Schweiß übers Gesicht rann und von

H. v. Roder: Die Kampenwand von Aschau aus

dem man meinen mußte, er bewege und benehme sich wie ein Traumwandler, warf dem Geschädigten das Bündel mit dem gestohlenen Gut auf die Bank neben der Haustür oder reichte es zum Fenster herein und war im Nu wieder verschwunden.

Aber damit bin ich ein gutes Stück von meinem Pfad abgekommen. Als ich beim Martei (damals war er schon nahe an 80) eine meiner letzten Visiten machte, da bot er mir eine in der kleinhäuslerischen Einfachheit seiner Wohnstube überraschend schöne alte Stehuhr mit Schlagwerk und reichgraviertem Zifferblatt aus dem frühen 18. Jahrhundert zum Kauf an, weil es bei ihm, so sagte er, jetzt auf den Tod zuging und er das Geld seiner jungen Hauserin zukommen lassen wollte. Für mich hat es im Leben nur wenig genußreichere Plauderstunden gegeben als die mit ihm. Er sprach und vor allem er erzählte gern aus seinem langen, äußerlich kargen, innerlich aber an Erfahrenem, Beobachtetem und daraus Erkanntem reichen Leben. Aber auch er, ein frommer und abgeklärter Mann, ja in mancher Hinsicht ein Weiser, sprach damals den Satz aus:

„Der Tod, woaßt, des is a Grober, der packt an jeden, wenn's Zeit is und beutelt ihn zamm!" Trotz der hohen Ebene, von der aus er die Dinge anschaute, sah er den Tod als Gestalt, als einen rücksichtslosen Grobian mit derben Kochenhänden, der keine Ehrfurcht kannte. Und hatte doch vielhundertmal in seinen Gebeten das Wort von der „ewigen Ruh" ausgesprochen, in die man hinüberwandert.

Ein einziges Totentanzbild habe ich mir, vor allem in jungen Jahren, immer wieder gern angeschaut. Es ist das bezwingend gestaltete und mit nicht überbietbarer Präzision gezeichnete Blatt von Alfred Rethel „Der Tod als Freund". Da sitzt in seiner Stube hoch über den Dächern einer mittelalterlichen Stadt der greise Türmer entschlafen im Lehnstuhl, und der Knochenmann, in ein vermenschlichendes Möchsgewand gehüllt, hat ihm die Arbeit des Aveläutens abgenommen, zieht statt seiner am Glockenstrang.

Überaltertem Wild auf solche Art sich als Freund zu nahen, ehe die Natur ihm ein grausameres Ende bereitet, wäre das die Vollendung gerechten Jagens? Eben das hab ich mich oft gefragt. Aber was mir ein nicht wegweisbares Gefühl vor allem hin und herwägenden Sinnieren sagte, habe ich schließlich klar eingesehen, nämlich, daß solche Zielsetzung dem Wesen der Jagd nicht vereinbar ist. Ganz zu schweigen von der Schwierigkeit der Verwirklichung in noch halbwegs freizügiger Wildbahn, zu schweigen auch von der wiedertäuferisch fanatischen Tendenz der Schalenwildverminderung (die es noch nicht gab, als solches mir durch den Kopf ging). Jagen ist etwas anderes als ein hirtenhaftes Betreuen seiner Herde: Gesteigertes Leben ist es, in ihm hat sich trotz aller zeitbedingten Veränderungen und Abschwächungen der Grundzug des Kampfes erhalten, des Begehrens nach starkem Wild, des freien Dahinstreifens, der Suche nach dem besonderen Abenteuer und dem großen grünen Glück. Es mag dabei bleiben, daß die gelegentliche Begegnung mit solch einem dem Greisenalter nahen Stück, dem man das Leid letzten Niederganges erspart, ein besonderes Geschenk ist, das uns am Jägerweg liegt, Ziel und Erfüllung aber kann es ihm nicht sein.

Wenn es nicht so viel Unheil brächte, dann müßte man lachen über die immer wiederkehrende, vielleicht unbewußte, aber nicht minder folgenschwere Überheblichkeit mancher Menschen, die neue Wege statt altbewährter und längst gefestigter entdeckt zu haben glauben. Das Wesen der Dinge liegt fest, und es läßt sich nicht daran rütteln, man kann nur die Dinge selber abschaffen und durch andere ersetzen. So wird derzeit von vielen Seiten darauf hingearbeitet, der Jagd ihr Wesen und dem Jäger sein Gesicht zu nehmen. Möglich, daß es gelingt, zumal manche, die auf Plätzen stehen, von denen aus sie dagegen ankämpfen müßten, das Waldhorn schon mit dem Lautsprecher vertauscht haben, sich statt dem Waidwerk der Nationalökonomie, dem, was sie angeben, dafür zu halten, verpflichtet fühlen, statt dem lebendigen, dem gegenwärtigen Mitgeschöpf, dem Wild, einer noch gar nicht geborenen künftigen Menschheit behaupten dienen zu wollen.

Wer nicht mitmacht, ist, dies ist ein dem Sprachschatz der Nationalsozialisten entnommenes Wort, ein „Ewig-Gestriger", der besser daran täte, mit einer aufgeschlossenen Jugend Platz zu tauschen. Vielleicht sinnt man sogar schon auf Wege, ihn dazu zu zwingen. Mag sein, daß es diesen obskuren Treibereien unter Vorschub prächtiger Jungmannen gelingt, Jagd und Waidwerk abzuschaffen. Eine Generation, die sich diese Werte nehmen läßt und zugleich alles, was unsere Kultur ihnen verdankt, ist ihrer ohnedies nicht wert.

Den Augenblicken der Erfüllung, dem des Einsenkens seines Büchsenabsehens in den Wildkörper, des darauf folgenden kurzen Ziehens am eingestochenen Drücker und des die ganze innere und äußere Spannung befreiend lösenden Donnerschlags, all dem geht für den Jäger unserer gemeinnützig angetrübten Tage das papierne Rechnen lange voraus. „Zählung des Bestandes", „Geschlechtsverhältnis" (ein besonders schönes Wort, übrigens!), „Zuwachs", „natürlicher Abgang", und dann noch die ganz feierlich buchhalterischen Begriffe I a, I b, II a, II b, die (Huberto sei's gepriesen!) beim Dreier vorläufig aufhören.

Ich glaube mir's in dem Rahmen schenken zu dürfen, die hinter solchen Worten liegenden Gebiete und die, ihrer noch in vieler Hinsicht ungewissen Umgrenzung halber, darauf entstandenen Streitfragen eingehend zu behandeln.

Wildzählungsprobleme

Da ist einmal die Zählung: man ist sich nicht darüber einig, ob man seine Gams im Frühjahr (nach ungefährer Abklärung der Winterverluste oder im Herbst, oder gleich zweimal jährlich zählen soll. Ich weiß nicht, ob man einen Gamsbestand überhaupt durch Zählung zuverlässig feststellen kann, ob man, wenn der Revierjäger sich in seinem Bereich auskennt, nicht besser daran tut, ihn rund zu schätzen!? Bei einem Rudel Kahlwild kann man annähernd sagen, daß es da- oder auch dorthin zur Äsung zieht. Das heißt nicht mehr, als daß es seinen Einstand einmal in dieser, einmal in anderer Richtung verläßt. Beim Gamswild kann man das nicht. Ein Rudel Gams nämlich ist in der Hinsicht ausgesprochen unstet und macht fast täglich seine schwer vorausberechenbaren Wanderungen, mit denen es sich nicht selten wegstundenweit von seinem Haupteinstand entfernt.

Es wäre falsch zu sagen, daß es von seiner Leitgeiß zum Streunen verführt wird, aber die Gams bilden größere Rudel als das Rotwild und müssen deshalb mit ihren Weiden (ich wähle hier absichtlich dieses Wort!) anders, sagen wir extensiver umgehen. Außerdem sind sie im Gegensatz zu Reh- und Rotwild Tagwild. Wo so eine Schar am Morgen war, ist sie, fort und fort wählerisch dahinäsend, trotz wiederkäuender Rasten und Bevorzugung schattiger Tagzeiten, am Abend längst nicht mehr. Das aber hält ein anderes Rudel nicht davon ab, von dem ersteren schon beästes Gebiet am gleichen Tag zu überqueren. Die Gams sind sehr rudeltreu; das erleichtert das Wiedererkennen einer bestimmten Schar und damit auch die Zählung. Andererseits vereinigen sich manchmal zwei oder drei Rudel, um sich alsbald wieder zu trennen, oder eine kleine Schar schließt sich vorübergehend und in nur lockerem Verband einer großen an.

Wenn sich einer da unter seinen Gams nicht gut auskennt, keinen Blick für Kruckentypen hat, sich das Aussehen der Leitgeiß und vielleicht eines Teils ihres Gefolges nicht einprägen kann, dann kommt er bei seiner Zählung schwerlich zu richtigen Ergebnissen. Ich weiß, ich weiß: deshalb eben führe man sie möglichst an einem Tag durch! Man bete aber vorher zu den Nothelfern, daß kein Wettersturz dazwischen kommt, kein Nebel einfällt, und daß zu dem für die Zählung in Aussicht genommenen Zeitpunkt nicht Föhn, große Hitze und Trockenheit die Gams an schattige Plätze bannt und ihnen die Lust am Herumziehen nimmt. Überdies: es gibt Gams (bei den meisten älteren Böcken ist das der Fall), die sich, zumal in Revieren, die zum größeren Teil unter der Baumgrenze liegen, nur wenig sehen lassen. Sie zählen und gar noch einstufen ist auch für revierkundige Jäger eine unerfüllbare Aufgabe.

Ich habe, um dies anschaulich zu machen, weiter oben vom Weißen Gams erzählt. Das war kein Einzelfall. Vor ein paar Jahren, um nur ein weiteres Beispiel zu berichten, ward mir ein vergeblicher, recht weiter und mühseliger Nachtweg auf einen sehr begehrten Hirsch nach Sonnenaufgang noch unverhofft mit einem guten elfjährigen Gamsbock belohnt. Wir, der Jäger Andreas und ich, blieben, weil ein gar so glanzvoller Herbstmorgen heraufgezogen war, lange bei dem wie schlafend in den Almrauschstauden liegenden (auch im Wildpret übrigens sehr starken) Gams sitzen. Erst als der Andrä sich ans Aufbrechen machte, ging ich langsam voraus heimzu. Und dabei traf ich auf freier Alm mit einem Gamsrudel zusammen, das, wie ich mit freiem Aug schon erkannte, näheren Anschauens wert war. Sieben Gams, die heilige Zahl, querten ziemlich vertraut und deshalb in gemächlicher Flucht mit mehrfachem Verhoffen eine breite Geröll- und Lahnergrashalde. Ein Kitz nur war bei der Schar unter sechs durchweg starken und älteren Geißen. Die vermutlich älteste von ihnen folgte der Leit- und Kitzgeiß; sie hatte ziemlich hohe, aber schlecht gehakelte und nicht weiter bemerkenswerte Krucken. An die zwei in der Mitte ziehenden habe ich keine besondere Erinnerung mehr, die vorletzte wiederum hatte niedre, eng gestellte Krucken, aber ich schätzte ihr Alter trotzdem auf gut zehn Jahre.

Wirklich aufregend an der Gesellschaft waren aber nur die Leitgeiß und die letzte, die „Schließende“, wie man sie in einer Amazonenarmee, wie solche jetzt da und dort wieder im Entstehen sind, genannt haben würde. Diese zwei Geißen waren, wenn man es mit dem heiklen Wort nicht allzu briefwaagengenau nehmen will, beide kapital und dabei so zum Verwechseln ähnlich, daß man sie (wahrscheinlich war es auch so) für Schwestern halten mußte. Jede trug dieselben hohen, auffallend großbogigen und herrlich ausgeschwungenen Krucken. Sie mögen beide etwa 19 cm sehnenhoch gewesen sein. Zunächst fesselte mich der Anblick, und ich dachte deshalb nicht ans Schießen, obwohl wir erst ganz wenige Geißen aus der uns vorgeschriebenen langen Abschußliste hatten streichen können. Und dann zeigte es sich eben wieder, daß ich, ohne es wahrhaben zu wollen, nein, wenn ich es so fasse, werde ich mir selber nicht ganz gerecht, besser: ohne es sonst zu empfinden, ein alternder Jäger geworden war.

Jetzt noch einmal das wieder kühl gewordene Eisen heißschießen? Was für ein Göttergeschenk war doch diese rosige, taunasse, wolkenlos klare Frühe gewesen mit dem hinter der Schneid vergrollenden Hirschschrei und jener nicht erwarteten, alle Enttäuschung ausstreichenden Krönung, dem starken, reifen Gams, der im ersten Hereinblenden der Sonne mir zugeführt und vergönnt ward! Es könnte nur Störung eines vollendeten Erlebnisses, Beeinträchtigung würde es bedeuten, wenn ich jetzt dreinschösse in die fast paradiesisch unbekümmerte Schar. Wir würden noch ein paarmal hier heraufkommen in dieser Hirschbrunft, und dann war immer noch Zeit, sich die rechten zwei oder gar drei herauszusuchen. Die Kapitale wollte ich ohnedies nicht schießen.

Man muß, ich will später noch eingehender davon sprechen, beim pflichtgemäßen Abschuß der Versuchung widerstehen, sich die Geißen nach ihrer Kruckenstärke auszuwählen. Aber die mit der niedrigen Krucke, die müßte man mitnehmen und ganz sicher auch die zweite, die schon weißgesichtige Alte. Und mit Wägen und Schauen und befriedigter Freude an der Beute des Morgens in der Brust ließ ich sie dann prall sonnenbeschienen, mit zeitweilig im hellen Goldstrahl aufblinkenden Schläuchen, Stück für Stück über den nächsten Almrücken und in den Felswald des „Hopfgartens“ hinüber entschwinden.

Das ist jetzt fünf Jahre her, und gesehen hat dieses kleine, leicht wiedererkennbare Rudel von jener Stunde ab keiner von uns mehr, auch nicht in den Tagen der Gamsbrunft. Inzwischen freilich wird die eine oder andere von diesen sechs Geißen wieder ein oder mehrere Kitze gesetzt haben, vielleicht ist auf diese Weise ein größeres Rudel entstanden, vielleicht auch ist die Leitgeiß eingegangen, und ihre Schar hat sich mit einer anderen vereint.

Bei meiner eifrigen Suche während der folgenden Wochen nach diesen fünf kitzlosen Tanten kam ich mir in entsprechender Anwandlung beinahe so vor, wie jener Liebhaber in einer Novelle von Guy de Maupassant, der über den schwarzen Flaum auf der Haut einer jungen Frau beim ersten Stelldichein und intimen Anblick so bestürzt ist, daß er das Weite sucht, in der Folge aber gerade dieser Besonderheit halber ein Wiedersehen (jetzt freilich vergeblich) herbeisehnt.

Mit der Zählung also hat es schon seine Schwierigkeiten. Hat man aber als Revierjäger oder auch (was sehr notwendig wäre) als Revierherr den notwendigen Überblick, dann wird man zu einem den Gegebenheiten einigermaßen gerecht werdenden Schätzungsergebnis kommen.

Geschlechterproportion

Auch über die rechte, die „naturgewollte“ Proportion zwischen Böcken und Geißen ist schon viel sinniert und, man darf es sagen, müßig gestritten worden. Da brauchbare Anhaltspunkte für den „Willen der Natur“, von dessen Richtung man auch sonst nicht alles weiß, fehlen, wird man am besten daran tun, für das x in der Gleichung das auch auf andere Schalenwildarten etwas willkürlich angewendete, aber der Wahrheit wohl nahekommende 1:1 einzusetzen. Die Tatsache, daß Gemsen Scharwild sind, also gerudelt leben, wobei der ein Rudel beherrschende Bock eine größere Anzahl von Geißen beschlägt als die reifen Vatertiere der anderen Schalenwildarten, findet insofern (bei dem zugrunde gelegten Verhältnis 1:1) ihren Ausgleich, als das Gams ausgesprochen spätreif ist. Die Junggeiß nimmt nur in seltensten Ausnahmefällen vor ihrem vierten Jahr auf, und auch am Bock lassen sich erst im vierten Lebensjahr deutliche Merkmale des Brunftigseins, vor allem die Vergrößerung des Kurzwildprets, erkennen.

In mehr als fünfzig Jahren der Gamsjägerei und -beobachtung habe ich nicht einen einzigen dreijährigen Bock beim Treiben einer Geiß beobachtet, wogegen ich beim Rehwild auch in Revieren, in denen an vollkräftigen und ausgereiften Väterjahrgängen kein Mangel war, oft schon zweijährige Böcke aus heißestem Brunftreigen heraus Geißen beschlagen sah. Und auch beim Rotwild gibt es nicht so gar selten vereinzelte weibliche Stücke (meist sind es ältere Kälbertiere), die sich auf Jünglinge vom dritten Kopf als Brunftpartner spezialisiert haben.

Ja, und dann hat man alles schön geordnet auf dem Papier stehen, glaubt zu wissen, wie viele Böcke und Geißen, Jahrlinge und Kitze das Revier beherbergt und wie es um die Proportion der Geschlechter steht und wer alles zu sterben hat, damit hier die rechte Ordnung 1:1 hergestellt ist oder bleibt und kann sich ferner, so glaubt man, ausrechnen, wieviel man unbeschadet des Grundstockes schießen darf oder, um ihn nicht anwachsen zu lassen, muß.

Da diese Festsetzung behördlich erfolgt, möchte ich dazu schweigen dürfen. Nur rate ich, wenn nicht gerade, wie gegenwärtig bei uns, die Räude bedrohlich ante portas steht, zu niedrigen Abschußziffern. Eine Gefahr übermäßiger Gamsvermehrung ist, so wie's in unseren Bergen heute aussieht, nirgends gegeben. Allerdings hält die Selbstbeschränkung des Jägers, das gilt auch für andere Wildarten, den, wenn auch langsamen, so doch unverkennbaren Rückgang nicht auf. Im Herzen meiner Eigenjagd fällt und fiel seit Jahrzehnten kaum je ein Schuß auf eine Gamsgeiß und nur selten einer auf einen Bock. Vor dreißig Jahren, also während des Zweiten Weltkrieges, standen in ganz bestimmten kleineren und größeren Bereichen, die von keinerlei Wegen, Steigen oder angemaßten Touristenrouten berührt und beunruhigt wurden, zuverlässig die einem vertrauten, man kann sagen befreundeten, meist nicht allzu vielköpfigen Rudel und in anderen, im Sommer nach Gamsgeschmack äsungsreichen Ecken die einschichtigen Böcke.

Aber schön allmählich verschwanden erst die Rudel etwa in der Weise, daß, wo vorher zwei ihre Äsungsbezirke gehabt hatten, sich nur noch eines in unregelmäßigen Zeitabständen anschauen ließ, daß ein guter Bock seine Sommerresidenz nicht mehr aufsuchte und man sich mit der Deutung zufrieden gab, er sei während der Brunft geschossen worden. Aber es ersetzte ihn in der Folge kein anderer, und wenn man es dann nach fünf oder acht Jahren überrechnete, waren nicht nur einzelne Stücke ausgeblieben, die Gams im ganzen waren weniger geworden. Dafür kann man heute, wenn man sich an einem ruhigen Platz ansetzt, statt des erwarteten Wildes die in den Bergen jetzt allgegenwärtigen mohnroten Wadelstrümpfe der freien Wanderer erblicken. So vollzog es sich, und so geht es wahrscheinlich weiter, aber man muß eben trotzdem „sein Bäumchen" auch unter solchen Gegebenheiten noch pflanzen und pflegen.

Heinrich Bürkel: Nach der Jagd. Jäger auf der Almhütte der Kampenwand, ihr Frühstück verzehrend

Winterhärte – Winternöte

Das Gamswild ist winterhart, sagt man, und in gewissem Sinn ist das auch richtig. Frost, karge Äsung, ja selbst große Schneemengen vermögen ihm nicht viel anzuhaben. Es ist, glaube ich, hinlänglich bekannt, daß die Gams, je nach der landschaftlichen Gesamtbeschaffenheit eines Reviers und nicht zuletzt auch nach Art eines Winters in tiefen oder (und das trifft auf die Mehrzahl zu!) in höchsten Lagen überwintern, daß sie aber auch, wenn der Schnee gefriert und sie trägt, den Platz ihrer Zuflucht zuweilen wechseln. Vor allem wenn das ihnen innewohnende Barometer ein bevorstehendes Hoch anzeigt, steigen sie gerne sonnenwärts, und im entgegengesetzten Fall stellen sie sich in sturmgeschütztem, äsungsnahen Gebiet, meist umwaldetem und dadurch lawinengeschütztem Gewänd ein.

Steht ein Gams womöglich schon in der ersten Winterhälfte sehr tief und auf einem Platz, der sonst nicht vom Krickelwild als Wintereinstand aufgesucht wird, dann ist es fast immer krank und geht binnen weniger Wochen ein.

Die für das Gamswild schlimmsten Winter sind die, in denen bei großer Schneemenge Tauwetter einsetzt, es womöglich ein paar Tage regnet, und der wässerig gewordene Schnee dann wieder durchgefriert. Während der weichen Tage droht der Lawinentod, der in hohen, baumlosen Lagen oft ganze Rudel mit sich nimmt, dem beispielsweise der Allgäuer Oberjäger Speiser durch Funde im Frühjahr ein paar seiner berühmten Medaillengamskrucken verdankte. Und wenn darauf folgend der Frost einfällt, dann vermag auch ein starkes und gesundes Gams trotz seiner stählernen Läufe sich kaum mehr durch die steinharten Metertiefen der Schnee- und Eisschichten Äsung freizuschlagen. Dagegen hilft alle Winterhärte nichts mehr. Wenn es Grundlawinen gegeben hat, dann bieten ihre durch den gewaltigen Abrutsch schneefrei gewordenen Betten die einzige Äsung. Sehr oft hängt über ihnen ein Schneebrett, eine zweite losbruchbereite Lawine und bedroht die auf der Grünfläche sich versammelnden Gams.

Winter ohne solche Tauwettereinbrüche, auch wenn sie kalt und schneereich sind, übersteht das Gamswild mit weit weniger Verlusten. Der im Gebirg mit den Schneefällen stets verbundene Sturm weht Schneisen und Kuppen ab und legt damit immer wieder Äsungsflächen frei. Groß sind sie nicht und auch nicht üppig bewachsen, aber sie reichen aus, die genügsame Bergantilope und ihr Kitz über die schlimmen 100 Tage hinüberzubringen. Wenn ferner auf den umwaldeten Wänden der tieferen Lagen der Schnee halbwegs locker bleibt, dann haut ihn der Gamsvorderlauf mit ein paar kräftigen Schlägen von den grasigen Steilstellen im Gewänd, und es kommt keine bitterste Not auf.

Daneben gibt es noch Buchenknospen, manchmal Buchekkern, Tannenreiser, die Spitzen von Latschennadeln und wahrscheinlich auch Flechten und Moose. Ich selber freilich hab dem Rotwild schon oft, noch kaum je aber einem Gams beim Flechtenäsen zugeschaut. Wenn aber das nicht hohe Alter des Steinwildes in den Pyrenäen von Kennern darauf zurückgeführt wird, daß es sich die Schneidezähne beim Abschälen der auf dem Urgestein haftenden Flechten vorzeitig abnützt, weshalb sollte das Gams die viel leichter und schmerzloser erreichbare Baumflechte verschmähen!? Für dieses Gebiet sollen gründlichere Kenner das Wort haben.

Wirklich mörderisch sind starke Schneefälle, wenn es auf den Halden und im Bergland schon zu grünen begonnen hat. Erwischt ein ausgiebiger Nachwinter mit einem Meter Neuschnee die Gams in der Zeit des Überganges von der trockenen zur grünen Äsung, dann ist es, als sei nach langem zähem Kampf die letzte Widerstandskraft in ihnen aufgebraucht, dann kapitulieren sie und fallen um wie die Fliegen. Im Mai des Jahres 1967 hat es so einen Nachwinter bei uns gegeben. Der Hilfsjäger Karl hat in dem von ihm betreuten Bezirk von etwa 1000 ha, der aber nur zur Hälfte ausgesprochenes Gamsgebiet ist, damals nicht weniger als 17 frisch eingegangene Gams innerhalb weniger Tage nach wiedereinsetzender und nun endgültiger Schneeschmelze aufgeklaubt. Neben ein paar Junggams und Jungböken waren es lauter hochbeschlagene Geißen, von denen die Mehrzahl zwischen sechs und zehn Jahren alt war. Ein weniger findiger und sucheifriger Jäger wäre vielleicht nur gelegentlich des Hahnverlosens auf das eine oder andere gestoßen. Zum Glück sind solche durch eine Woche und länger anhaltende, bis fast ins Tal hinuntergreifende Maischneefälle selten. Wie dem aber auch sei, ihre Wirkung auf den Gamsbestand ist ernst, und das Schlimmste daran ist, daß man ihr Ausmaß nicht erfaßt.

Was ich hier in groben Zügen über Wintergepflogenheiten und Wintersnöte der Gams zusammengefaßt habe, ist jedem nur halbwegs bewanderten Betreuer eines Hochgebirgsreviers bekannt. Ich wollte damit keineswegs lehrhaft wirken, sondern nur die Einsicht erwecken, daß die ob ihrer „Härte" gerühmten Gams unter den im Gebirg heimischen Schalenwildarten auf lange Sicht wahrscheinlich die höchsten Winterverluste erleiden. Und das ist jetzt (im Lauf etwa der letzten 60 Jahre) in den meisten Revieren noch weit mehr als früher der Fall, seit die Berge vom Wintersport erfaßt und die Gemsen fast überall mit dem Schneeschuh aus den besten und sonnigsten ihrer Wintereinstände vertrieben sind.

Das Problem der Winterfütterung für das Gamswild möchte ich hier ausklammern. In den meisten Revieren ist es unlösbar. Ich persönlich bin überdies um jedes Stück Wild froh, das nicht an Futterraufen steht. Vor nicht langer Zeit hat ein Krösus (in seinem Äußeren glich er vielleicht nicht ganz jenem Libyerkönig, der einst den Halys überschritt) dem Verpächter eines Hochgebirgsreviers oder dessen Vertreter, als die Regelung des Pachtschillings zur Sprache kam, den Vertrag mit den königlichen Worten hingeschoben: „Hier bitte, setzen Sie ein, was Sie haben wollen, ich unterschreibe und bezahle ungelesen!"

Ein so großzügiger Mann kann sich vielleicht einen Hubschrauberpiloten für die hundert Tage engagieren und mit dem Abwerfen von Lahnerheu (gedüngtes Wiesenheu nimmt Gamswild sehr ungern an) in der Umgebung seiner Gamsrudel beauftragen. Dann wären auch diese letzten Bereiche blaueisumhüteter Winterstille und freien Daseinskampfes in unseren Bergen und auf ihren Wildbahnen zerstört. Dann gäbe es in deutschen Landen keine Wildart mehr, die sich in ihrer Lebensweise von menschlicher Einmischung freihält. Achtzig Prozent dessen, was man in unserer Zeit „große hegerische Erfolge" nennt, sind Fütterungs- und Gelderfolge.

Zu wem allem soll man da beten!? Zum Aegid, zum Franz von Assisi, zum Georg, zum Hubert, zum Konrad von Parzau, zum Rasso von Andechs, zum Vinzenz, zum Wendelin, zur Katrein, zur Notburga, zu all diesen ihrer heimatlichen Erde und der daraus zu ihnen sprechenden Schöpfung Gottes nah Verbundenen und schließlich zur heiligen Jungfrau selber, die Ochs und Esel in Bethlehems Stall wärmespendend nah gestanden, sollte man bei jedem Gang durchs Gamsrevier seine Gebete richten, damit unser freiestes, himmelnächstes Wild von solch „moderner Hege" und von einem gar zu rechenschieberischen Abschuß bewahrt bleibt! Dabei will ich die Berechtigung einer ausnahmsweisen Hilfsstellung unter Benützung des technischen Fortschrittes nicht in Abrede stellen, wenn es sich um einen besonderen Katastrophenfall handelt. Vor etwa zehn Jahren haben die Bauern im Engadin eine beträchtliche Anzahl von Hirschen, Kahlwild, Rehwild und, wenn ich mich nicht sehr täusche, auch Gamswild, die im übermannstiefen Schnee nicht mehr weiter konnten und auch nirgends Äsung fanden, in ihre Scheunen verbracht und dort mit gutem Erfolg überwintern lassen. Und während meiner Studienjahre haben die Wiener einmal bei einem abnorm späten Schneefall ein Flugzeug organisiert, mit dem sie Hunderte von Schwalben, die wegen der durch den Frost plötzlich eintretenden Insektenlosigkeit am

Verhungern waren, nach Italien transportieren lassen. Zwischen Hilfeleistung in katastrophalen Notlagen und einer Gams-Winterfütterung mit Hilfe von Flugzeugen besteht ein sehr wesentlicher Unterschied, den man denjenigen, die den Sinn dafür haben, nicht weitschweifig zu erklären braucht.

Abschußanteile – Abschußreife

Wenn man nun an eine maßvolle Ernte, an die erlaubte Nutzung seines Bestandes herangehen will, erhebt sich wieder die Frage nach dem „Was". Da sind es zunächst einmal die Böcke, die den Jäger beschäftigen, ihre Anzahl und die daraus verantwortungsvoll gewinnbare Strecke. Es hat einmal eine heute nie und nirgends mehr erwähnte Faustregel für die Errechnung des Bockabschusses innerhalb eines vorhandenen Bestandes gegeben, die meines Wissens auch eine Zeitlang in den bayerischen Staatsforsten Anwendung gefunden hat. Man muß sich demnach zunächst darüber klar werden, welches Durchschnittsalter die im Revier erlegten Böcke haben sollen, ob man einen Altersdurchschnitt von acht, von neun, oder, wenn man von besonderem Jahresringeehrgeiz besessen ist, von zehn oder zwölf Jahren bei seiner Gesamtstrecke wünscht. Man dividiere sodann den ermittelten Bockbestand des Reviers (ohne die Jahrlinge) durch diese Zahl, und daraus ergibt sich die Höhe des Abschusses.

Nehmen wir an, das Revier habe einen Bestand von 50 Gamsböcken, und man wolle im Durchschnitt (ich sage das der vereinfachten Rechnung halber, und nicht, weil ich es für richtig halte) zehnjährige Böcke schießen, dann dürfen 50 durch 10, also 5 Böcke auf die Abschußliste gesetzt werden. Das bedeutet aber keineswegs, daß diese fünf Böcke dann alle zehnjährig sein müssen, es bedeutet auch nicht, daß das gewünschte Durchschnittsalter bei diesen fünf Böcken erreicht werden muß. Aber es wird, wenn man sich an die Quote hält, eine diesen Abschußwünschen entsprechende Gliederung des Bockbestandes gewährleistet. Mit anderen Worten: es rücken genügend Böcke in hohe Altersstufen auf. Diese Faustregel ist gut, wenn man sie vernünftig handhabt und keine übertriebenen und damit unerfüllbaren Ansprüche hinsichtlich des Alters der zu erlegenden Stücke stellt.

Wir Deutschen haben unter anderem einen verhängnisvollen Fehler, wir sind nur allzu empfänglich für Doktrinen und ihre Schlagworte, wir klammern uns an sie, ohne ihren Gehalt selbständig zu prüfen. Das ist auch der Grund, weshalb wir jeder neuen Richtung mit Übertreibung und mit den daraus notwendig sich ergebenden Dummheiten huldigen. Es ist, um dies zu erkennen, durchaus nicht notwendig, sich in die Jahre nach 1933 zurückzuversetzen. Als ich auf dem Gymnasium war, mußten sich Schüler sehr in acht nehmen, um nicht bei einem zärtlichen Rendezvous von einem ihrer Lehrer beobachtet zu werden. Hinausschmiß, das sogenannte „consilium abeundi" von der „höheren Lehranstalt" konnte die Folge sein. Der die „späte Liebe", will heißen die Spätreife von Germaniens Jünglingen rühmende Bericht des Tacitus, „sera juvenum amor ...", war Richtlinie für die Pädagogen und das von ihnen gewünschte sittliche Verhalten der Schüler.

Heute hat man die Schlagworte geändert und ist vom Sittlichen zum Psychologischen übergewechselt; da kommt nun die Schule den Eltern mit der sexuellen Aufklärung zuvor, für Elfjährige soll das, was man früher die „ars amatoria" nannte, unter dem Vorwand der „Aufklärung" Pflichtfach werden. Frank Wedekind ist längst überholt, und würde man heute des lieben Ludwig Thoma reizendes Lustspiel „Lottchens Geburtstag" aufführen, kein Mensch verstünde mehr seinen Sinn.

Während man in angelsächsischen und skandinavischen Ländern schon längst die Bedeutung des Sports für eine harmonische Gesamtausbildung der Jugend erkannt hatte, hielt man sich in Deutschland noch ziemlich einseitig an „des Geistes Schwert“, das man durch eingehende Beschäftigung mit griechischen, lateinischen und deutschen Klassikern, mit Pythagoras und den Jahreszahlen der Peloponnesischen und Punischen Kriege zu schmieden sich bestrebte. Heute schlagen die Flammen des sportlichen Feuers im deutschen Gemüt so hoch empor, daß ein erfolgreicher Mittelstürmer jeden großen Gelehrten in den Schatten stellt.

Auch auf dem Gebiet der Jagd sind – das war bei unserer Wesensart unausbleiblich – immer wieder Schlagworte aufgeblüht, und zwar etwa von dem Zeitpunkt ab, da man anfing, in bester Meinung aus dem Waidwerk eine gemeinsame Sache zu machen, was schließlich auch zur Einschaltung der Behörden geführt hat. Arthur Schubart hat im Hinblick darauf einmal den Vers geschrieben: „Vereine gründen, verbündet Sünden!“

Da war „die Hege mit der Büchse“, waren „die Mörder“, „die Artverderber“, „die Abschußnotwendigen“, war ferner die „Überhege“, die „Entartung“ und manches andere schöne Wort. Ich möchte diese Begriffe nicht alle als verfehlt bezeichnen, aber eines ist sicher, nämlich, daß mit ihrem Auftauchen ganz allmählich des Waidwerks „. . . hohe Lust, die alle Tage neu ist“ zurückging. Und auch der ehrwürdige Begriff der Waidgerechtigkeit, der einmal in den hübschen Vers gefaßt wurde: „. . . den Schöpfer im Geschöpfe ehrt!“ ist am Zerfallen. In den Herzen der deutschen Jäger, auch der jungen, lebt, dem Himmel sei Dank, noch eine solche Haltung.

Diejenigen aber, die, sei es angemaßt, sei es bestellt, in unserer Gegenwart öffentlich Stellung beziehen, wissen, von wenigen rühmlichen Ausnahmen abgesehen, davon nicht mehr viel zu sagen; in ihrer Gedankenwelt ist der Waidmann gestorben und aus seiner Asche ein keinem Schöpfer mehr, sondern nur noch national-ökonomisch politischen Aufgaben verpflichteter Jäger neu erstanden. Und dazu kommt nun auch noch als jüngste Groteske die Tatsache, daß Nichtjäger mit schwer erfindbarer Legitimation Verfügungsrecht über das Wild beanspruchen.

Die derzeitigen neujägerischen Schlagworte nun sind etwas schwer in Harmonie miteinander zu bringen: Da ist auf der einen Seite „die Schalenwildverminderung um jeden Preis", vom alten Pulver und Blei bis hinunter zum Narkotikum und Schlächtermesser heiligt der Zweck die Mittel; da ist aber auf der anderen Seite das „Punkten", der Trophäenhochkult und in Verbindung damit der Alterskult. Will man beide „Ideale" auf einen Nenner bringen, dann kommt man etwa zu dem Leitsatz: „Verfemt sei das Wild, heilig ist die Trophäe!" Weniger aus tierfreundlich-ethischen Gründen, sondern vor allem einer ihren Bewertungsmaßen nach bis ins Letzte ausgereiften Hauptzier wegen ist man gegenwärtig bestrebt, den Zeitpunkt des Abschusses für gut veranlagte männliche Stücke weitmöglichst hinauszuschieben, mit anderen Worten: Träger starker Trophäen sehr alt werden lassen.

Beim guten Hirsch bejahe ich diesen Kurs. Ein Hirsch, das will heißen, sein Geweih, legt bis ins hohe Alter zumindest an Masse noch immer zu, und wenn er einmal zurücksetzt, dann ist sein Ende nicht mehr fern. Trotzdem kann man auch bei ihm den Kult des Alt-werden-Lassens übertreiben. Es gibt Jagdpäpste, die ihre Stirn in ablehnende Falten legen, weil ein erlegter Hirsch „erst zwölfjährig" ist. Ich habe – weiß der heilige Hubert! – nichts dagegen, wenn ein von mir geschossener Althirsch sein vierzehntes oder fünfzehntes Geweih trägt, aber ebensowenig wie ich am lebenden Wild einen zehnjährigen Gamsbock von einem zwölfjährigen zu unterscheiden vermag sehe ich es einem starken alten Hirsch an, daß er vom zwölften und nicht vom vierzehnten Kopf ist. In dieser Hinsicht muß ich wiederum meine Minderbegabung eingestehen.

Vom Rehbock behauptet man neuerdings, daß seine Krone sich bis zu seinem siebenten Jahr (einschließlich) keinesfalls zurückbildet, sich im Gegenteil sogar verbessert, weil das, was sie vielleicht an Endenpracht verliert, durch Zuwachs in Rosen und Stangen sich ausgleicht. Das kann vielleicht (ich glaube es auch da nicht!) für Reviere zutreffen, in denen unbegrenzt Kraftfutter gereicht wird, wodurch man Entwicklungen abweichend von den naturgewollten Verläufen beeinflussen kann. Die Regel bleibt trotzdem die, daß (wenn keine Beeinträchtigungen durch besonders strenge Winter entstehen) der Rehbock der freien Wildbahn sein viertes Gehörn in späteren Jahren niemals übertrifft, daß er danach allerhöchstens zwei Jahre unter gewissen Veränderungen (meist bestehen sie in einer Verkürzung der Enden) auf der Höhe bleibt, und spätestens als Siebenjähriger, sehr oft aber schon im sechsten Jahr, merkbar zurücksetzt. Daß die zurückgesetzte Krone eines Kapitalbockes genauso begehrenswert sein kann, wie die seines besten Jahres, leugne ich nicht. Das ändert aber auch nichts daran, daß ihre Maße geringer sind und sich weniger Punkte aus ihr zusammenaddieren lassen.

Nun, und der Gamsbock setzt bekanntlich nicht zurück, seine Krucken wachsen, wenn auch zuletzt nur noch um Millimeterbruchteile, weiter bis in höchste Greisenalter. Er setzt nicht zurück, aber die natürliche Begrenzung seines Lebens ist weit ungewisser als die allen anderen männlichen Schalenwildes. Ich glaube, daß nicht mehr als zwei Drittel sämtlicher Böcke eines großen Reviers ihr zwölftes Jahr vollenden, wenn nicht zwischendurch einmal die große Ausnahme eintritt, daß mehrere auch in der Hochlage milde oder sagen wir gut überstehbare Winter aufeinander folgen. Und es sind durchaus nicht in erster Linie die Altböcke, die einem strengen Winter zum Opfer fallen, denn die Alten haben mehr Wintererfahrung und verbrauchen weniger Kräfte während der Brunft.

Man müßte in konsequenter Verfolgung des Alterskultes, wie er mit den Hirschen und in entsprechender Abwandlung mit den Rehböcken derzeit getrieben wird, einen Gamsbock erst dann schießen, wenn, was dem wald- und wildweisesten

Jäger schwerlich erkennbar sein dürfte, sein natürliches Ende nahe bevorsteht. Nun ist, und das hat mit Wildverminderung und Trophäenkult nichts gemein, der Jäger an dem von ihm betreuten Wild und innerhalb seines Bannkreises zu ernten berechtigt, ja er verstößt gegen die Revierherrenpflicht, wenn er wesentliche Teile seiner Ernte um irgendwelche Spitzentrophäen willen dem Winter, den Füchsen und Raben überläßt.

Bei den Junggams darf man die Auslese in größerem Maße dem König Eisbart überlassen, der entscheidet am sichersten zugunsten der Gesundheit und Widerstandskraft eines Bestandes, aus dem, wenn er herangereift ist, sich dann der Jäger seine Ernte holt. Der Wunsch, nur Altböcke auf der Strecke zu haben, läßt sich mit der Notwendigkeit einer solchen Ernte nicht auf einen Nenner bringen, er ist überdies einer organischen Gliederung des Bestandes abträglich. Das ließe sich auch rechnerisch darstellen, was aber hier nicht meine Aufgabe ist.

Man hat neuerdings bestimmt, daß auf der Geweihschau Krucken (es kommen hierfür im wesentlichen Bockkrucken in Frage) nicht prämiiert werden dürfen, die nicht neun Jahresringe zeigen. Diese Anordnung ist zu begrüßen, denn Medaillen erhalten (lassen wir die Geißen jetzt einmal aus dem Spiel) nur gute, also in Gottes Namen A-Bock-Krucken. Denen, beziehungsweise ihren Trägern, sollte man Zeit lassen, sich zu vererben und, wenn's einem um Lametta zu tun ist, ganz auszuwachsen, was nicht mehr heißen will, als ein paar Millimeter an Höhe oder, wie man es messen will, an Schlauchlänge zuzulegen. Auslage und Schlauchstärke ändern sich vom siebenten beziehungsweise vierten Jahr ab nicht mehr. Falsch aber wäre es, aus solcher Richtlinie den Rückschluß zu ziehen, achtjährige Böcke seien nicht jagdbar.

Stellen wir einmal die auf runde Zahlen gebrachten Durchschnittshöchstalter (ich weiß, daß sie umstritten sind) von Hirsch, Gamsbock und Rehbock nebeneinander hin: Man darf beim Hirsch zwanzig, beim Gamsbock fünfzehn und beim Rehbock zwölf Jahre annehmen. Es entspricht demnach ein achtjähriger Gamsbock einem sechsjährigen Rehbock oder einem Hirsch von etwa elftem Geweih. Kein noch so maßvoll zurückhaltender Jäger wird es unerlaubt finden, einen sechsjährigen Rehbock, sei er nun gut oder unwüchsig, und einen Hirsch im zwölften Jahr (wenn er nicht gerade eine erstklassige Geweihveranlagung zeigt), zu schießen. Ich sehe keinen ernsthaft vertretbaren Grund, mit den Gamsböcken anders zu verfahren, zumal, das glaube ich hinlänglich beobachtet zu haben, beim Gamswild, vor allem bei den Böcken, ein geringerer Prozentsatz das Höchstalter erreicht, also auf dem Weg dorthin mehr abbröckelt als bei unseren anderen Schalenwildarten.

Und damit ist die Frage nach dem „Was" beim Abschuß der Gamsböcke nicht so gar schwer zu beantworten. Über die Altersmerkmale und das dornenvoll schwierige Ansprechen eines Gamsbockes seinem Alter nach habe ich weiter vorne nach bestem Wissen schon eingehend berichtet. Ein starker, weithin sichtbarer Pinsel verbürgt nicht mehr, als daß der Bock mindestens achtjährig, ein erkennbar weißes Gesicht läßt in den meisten Fällen den Schluß zu, daß er sicher zehnjährig ist. So ist's bei uns zu Berge, woanders mögen andere Regeln gelten.

Im Sehen äußerer Kennzeichen erschöpft sich aber das Ansprechen nicht, da ist auf seiten des Jägers noch die Erfahrung, ist das „Tastgefühl" für gewisse feine Abstufungen in den Linien, der Haltung und im Benehmen. Nicht zuletzt muß auch der mit seinem Wild vertraute Jäger zumindest einen Teil seiner Böcke kennen und um sie wissen, wenn er ihnen wieder begegnet. Den besonderen Blick für Geweihe, Kronen und vor allem Krucken am lebenden Wild zu haben, der sie einen, wenn man sie vielleicht ein, zwei Jahre lang nicht mehr gesehen hat, auch wiedererkennen läßt, ist freilich eine Gabe, die nicht jeder besitzt, die man wohl weiter ausbilden, aber sich schwer aneignen kann.

Um mit diesem Thema der Auswahl zu Ende zu kommen

In den Alpen wird der Gams oft auf Schießscheiben abgebildet

und einen zusammenfassenden Rat zu geben: Gamsböcke mit hohen, starkschläuchigen und schön gestellten Krucken schaue man sich genau an und mißtraue ihrem Alter, wenn sie nach Mitte der Brunft noch als lebhafte Verteidiger bei großen Rudeln stehen. Sonst aber, wenn der Pinsel lang, die Figur, vor allem der Hals, gut und das Gesicht nimmer jung ist, darf man sie, bis die Zahl, die man sich gestatten will, erfüllt ist, unbedenklich schießen. Ein neun- oder zehnjähriger Bock ist hochjagdbar, entspricht seiner Reife nach einem sieben- oder achtjährigen Rehbock oder einem zwölf- bis vierzehnjährigen

Hirsch. Und ein guter Gamsbock, an dem man sich freuen darf, braucht genau so wenig ein Greis zu sein, wie ein braver Rehbock oder starker Hirsch. Und stellt sich nach dem Schuß heraus, daß der Bock älter, vielleicht zwölfjährig ist, nun, dann ist das Waidmannsheil eben noch erfreulicher.

Was die anderen anbelangt, die mit der geringeren oder schlechten Kruckenveranlagung, so kommt es bei ihnen weniger auf das Alter an als bei den sogenannten A-Böcken. Freilich, mir wiegt, wenn der Bock alt ist, eine besondere Stärke seiner Schläuche die fehlende Höhe auf und eine besondere Höhe die geringe Auslage. Für mich sind die Niederkruckigen mit mordsstarken Schläuchen und die endshohen Enggestellten genauso begehrenswert, wie ein klassisch schöner A-Bock, und ich lasse ihnen gern ein wenig Zeit, sich weiter auszuwachsen. Bei allen anderen, bei den in den meisten Gamsbeständen zahlreich vertretenen Böcken einer gewissen „farblosen" Mittelklasse, deren Krucken niedrig oder zumindest nicht hoch und ohne besondere Schlauchstärke sind, genügt es, sie dem Pinsel nach anzusprechen. Ist er dicht und lang genug, daß man ihn gut erkennt, dann darf man mit acht Jahrringen auf den Krucken rechnen und getrost seine Kugel fliegen lassen. Selbst wenn man einmal einen Siebenjährigen dabei erwischt, ist das Unglück nicht groß.

Aber sieben Sommer sollte man jedem Gams vergönnen, das seine beiden ersten Winter glücklich überstanden hat. Im Sommer freilich, wenn die Pinselhaare heller sind und nicht so dicht stehen, hat man an den Mittleren ein schweres Ansprechen. Vielleicht hatte deshalb mein alter Lehrmeister und väterlicher Jungschützenbetreuer, der Steinervater, den später auch von mir übernommenen festen Grundsatz: „Bal mer im Sommer an Gams derschiaßt oder in der Hirschbrunft, nachan derf's nur a ganz a Guater sein!"

Und noch etwas: Böcke mit ausgesprochen schlechten Bärten, nicht etwa mit blindem, aber mit wenigem und kurzem

Barthaar, sind meistens auch ihren Krucken und ihrem gesamten Wuchs nach schlecht veranlagt. Der Bart des Gamsbockes ist ein männliches Merkmal, um es wissenschaftlich zu sagen, ein sekundäres Geschlechtsmerkmal. Ich habe Böcke gekannt, die ausgesprochene Geißkrucken, dünne, engstehende, schlecht gehakelte und auch eher niedere als hohe Schläuche trugen, die aber richtige Klacheln im Wildpret waren (einer brachte zu Beginn der Brunft ein Jagdgewicht von 68 Pfund auf die Waage) und dabei einen Mordsbart hatten. Der sich an den Krucken zeigende Feminismus bedeutet anscheinend hinsichtlich der Gesamtqualität eines männlichen Stückes nichts Nachteiliges. Wenn aber ein älterer, etwa sieben- oder achtjähriger Gamsbock, selbst in ausgesprochen kämpferischer oder brunftiger Erregung nur dünne und kurze Barthaare aufstellt, dann ist er, auch ohne geißkruckig zu sein, fast immer gering im Wildpret und zumeist auch schlecht im Haar. Ich habe diese Feststellung oft, wenn auch nicht so oft gemacht, daß ich sie zur Regel erheben dürfte. Für die rechte Auswahl der abzuschießenden Stücke ist aber jeder Anhaltspunkt von Wert.

Jahrlingsabschuß?

Daß und weshalb ich den Abschuß von Jahrlingen und von zwei- oder dreijährigen Junggams für verfehlt halte, habe ich weiter vorne schon eingehend auseinandergesetzt. Aber nicht jede Einsicht gewinnt man durch Nachdenken oder das, was man landläufig Erfahrung nennt; manchmal gibt auch ein Erlebnis den Anstoß. Vierzig Jahre mag das jetzt her sein, da war an einer unserer Grenzen ein „böser Nachbar“ aufgetaucht. Er war vielleicht weniger schlimm, als es mir damals vorkam, hatte aber eine unleidige Eigenschaft, die ich wenige Jahre zuvor an einem anderen Jagdnachbarn an ganz anderer Grenze schon einmal hatte wahrnehmen müssen: Der Anblick von einem Gams fuhr ihm ohne irgendeine Zwischenbremse direkt in den Schießfinger. Im ersteren Fall hatte der auch charakterlich ausgezeichnete Revierjäger dem Schützen ob solchen Zusammenschindens der von ihm sorgsam herangehegten Gams den Dienst aufgesagt, in dem anderen, von dem ich hier erzählen möchte, war anscheinend niemand da, der Einhalt gebot.

Das veranlaßte mich, kurz nach der Hirschbrunft das umwaldete Gewänd, das sozusagen die Gamsverbindung unseres Reviers zu den von jenem Unhold bejagten Vorbergen bildete, von der Grenze her durchzuriegeln. Ich nahm dazu einen gerade auf dem Schloß zu Besuch weilenden Gast mit und stellte ihn auf den Hauptstand unterhalb eines breiten Lahners, über den hinüber die angelassenen Gams fast immer auswechseln. Ganz wohl war mir nicht dabei, denn mein Freund hatte wenig Gamserfahrung, und der ihm an die Seite gegebene Förster Steiner würde sicher ein übervorsichtig zögernder Berater bei der Auswahl sein. Das aber, was ich mit jenem Riegeln bezweckte, war ein von Pulver und Blei unterstütztes Austeufeln der Gams aus jener Gegend und ein damit verbundener spürbarer Aderlaß.

Selber bezog ich meinen Posten etwa 150 Meter unterhalb dem des Gastes auf einem kleinen Felskopf mitten in den Wänden, an dem, wie ich wußte, gleichfalls gute, wenn auch schlechter übersichtliche Gamswechsel vorüberführten. Und dort geschah es dann, daß, von ein paar durchs Gewänd herunterknallenden Steinen vorangemeldet, schon ganz zu Anfang des Riegelns zwei zweijährige Böcke über Stock und Stein richtiggehend auf mich zugepurzelt kamen, dreißig Schritt vor mir aber ihre Flucht mit sägebockartig gespreizten Läufen jäh abbremsten und mit vorgestreckten Köpfen und aufgestellten Bärten starr verhofften. Sie waren einander völlig gleich und wahrscheinlich Zwillingsbrüder. Ihre dunklen Lichter glitzerten in der Mittagssonne, und man merkte es deutlich, daß es ihnen mit dieser ganzen Flucht vor einigen in ihren Bereich heransteigenden Menschen nicht recht ernst war, daß ihnen die Störung in erster Linie ein Vorwand gewesen war, einmal wieder als echte Wildlinge durch das heimatliche Gefels dahinzustürmen.

Die kamen mir gerade recht! Ich führte zwar, wie fast immer in jenen Jahren, die Büchsflinte, hatte aber im Nachladen des Kugellaufes so viel Übung, daß ich trotz fehlenden Ejektors nicht sehr weit hinter dem Repetiertempo zurückblieb. Ich nahm also den Rechten der beiden aufs Korn und – fehlte ihn wurzweg! Wohin diese Kugel und weshalb sie nicht ins Ziel gegangen ist, weiß ich bis heute nicht. Die zwei Jungböcke fuhren erschrocken zusammen, blieben aber wie angehext stehen. Selbst mein Nachladen (ich saß im Schatten) eräugten sie nicht. Mir aber wurde, während ich schon im Anschlag zum zweiten Schuß lag, auf einmal warm ums Herz: Du bist wohl verrückt, Kerl, so was totschießen zu wollen, dieses nette arglose Lausbubenpaar, das noch ein ganzes Gamsleben vor sich hat! Aderlaß hin oder her, aber das liegt unter der Linie dessen, was Jagen und Waidwerk dir bisher bedeutet hat!

Es war so, als hätte ich mit diesen Gedanken das Brüderpaar in Gnaden entlassen, denn genau so jäh, wie sie stehengeblieben waren, ruckten sie jetzt an, und da war es dann eine wahre Lust, ihnen zuzuschauen, wie sie sich über die Wand hinunterwarfen in einer Windesschnelle, die es unfaßlich machte, daß sie Zeit hatten, Stellen zu finden, um im Sprung ihre Schalen daraufzusetzen. Und dann sah ich sie noch unten im Felswand über ein paar Lücken hinüberfliehen. Ich glaube, daß hochflüchtige Gemsen unser mit Abstand schnellstes Schalenwild sind.

Damals also hatte das Gefühl gesprochen. In der Folge dachte ich dann nach, und wie sehr oft erwies es sich, daß ein rechtes Gefühl der rechten Erkenntnis weit vorauseilt. „Der Irrnis und der Leiden Pfade ...", sagte Parsival von seinem Weg zur Einsicht und hätte, seinem Gefühl folgend, nur wenige Schritte zu tun brauchen.

Vor wenigen Tagen hörte ich in einem von der ökologischen Idee besessenen oder sich zumindest so gebärdenden Kreis einen gescheiten Mann und namhaften Gelehrten im weißen Haar sagen: „Die ganze Ethik muß geändert werden!" Geht das überhaupt? War das, was er „Ethik" nannte, nicht schon längst gegeben, ehe die Menschheit ihre falschen Wege durch die Jahrtausende ging? Lassen die Folgen der Mißleistung menschlicher Kräfte sich dadurch abwenden, daß man eine neue, eine passend zurechtgebogene Ethik erfindet? Irrtümer lassen sich manchmal gutmachen, wenn sie nicht schon, wie der ebenso witzige wie geniale Maler Liebermann einmal zu dem großen Chirurgen Sauerbruch sagte „der jrüne Rasen deckt". Irrwege zurückzugehen ist nur sehr selten mehr möglich. Aber wohin verirre jetzt ich mich, von den Junggams im „G'wänd" her kommend!? Nun, vielleicht gar nicht so weit, denn die Jagdethik (ein Wort übrigens, das ich nicht mag) scheint als eine der ersten für solche Neuformung ausersehen zu sein.

Mir wurde bei jenem Riegeln noch eine unerwartete Belohnung für mein Einhalten zuteil. Nur wenige Minuten, nachdem die Jungböcke verschwunden waren, sah ich auf einem weiter oben durchführenden Wechsel ein starkes Gams direkt auf meinen Nachbarn zuhalten. Der Wind stand günstig, und ich wartete gespannt auf den Schuß aus meines Gastes Magnumbüchse, aus der „Mangnum", wie er sie nannte. Mit was die beiden da oben sich die Zeit vertrieben, hätte ich ja gerne gewußt! Es fiel ein Schuß, aber nach einer knappen Minute kam der Bock auf dem gleichen Wechsel noch flüchtiger zurück, wendete ganz plötzlich steil abwärts und hielt direkt auf mich zu. Von Sonnenlicht überflutet blieb er genau auf derselben Stelle verhoffend stehen, auf der die beiden Jungen ihr jähes Standerl gemacht hatten. Es war ein Fetzenbock, die dicken, glatten schwarzen Schläuche glänzten nur so in der Sonne. Der aber war nicht von vor zwei Jahren! Er sah mich auffahren und warf sich so schnell, das ich ihn aus dem Absehen verlor, gleichfalls über die Wand hinunter. In der vorletzten Waldlücke kam ich vor dem Stich ab. Er zeichnete nicht, aber als er die letzte Blöße überquerte, meinte ich zu erkennen, daß er die Lauscher hatte zurücksinken lassen.

Zum Glück hatte der zuständige Forstverwalter seinen jungen braunen Wachtel, den „Dino", dabei, denn ich hatte meinen Schweißhund wegen mehrfach erwiesener „Untreue" damals gerade von mir geschleudert, der Steiner behauptete, es gäbe bei uns zu wenig Arbeit für einen Hund, weil es für ihn dann ein wenig mehr gegeben hätte, und um das kynologische Interesse des Mathias war es von jeher schlecht bestellt. Der Dino verwies am Anschuß Schnitthaar und Knochensplitter und zerrte dann wie stets laut, aber in ziemlich ausgewählter Ausdrucksweise seinen mit ihm hadernden Herrn über die Geröllfelder. „Dino, jetzt sei doch nicht so unvernünftig, du bist ja verrückt, da kommt doch niemand mit, Dinoo! Mit dir mag ich wirklich nimmer arbeiten, das halten meine Nerven nicht aus! Dinooo! ..." Aber der also Gescholtene führte über 150 Meter an den verendeten Bock, der nur einen sehr hohen Laufschuß (von oben nach unten) hatte. Die von der sonst nicht allzu grimmigen 88er Kugel angerichtete Verheerung war freilich sehr bösartig gewesen. Hatten nun Splitter bis ins Herz durchgeschlagen, oder handelte es sich hier um die von Ballistikern mehrfach behauptete „hydraulische" Wirkung bei schweren Knochenverletzungen? Ich konnte jedenfalls von Glück sagen, und der Forstverwalter, der das Aufbrechen besorgende Mathias und ich schlossen auf bewaldetem Fels so etwas wie einen Rütlipakt, die Kunde von dieser merkwürdigen Wirkung nicht unter die übrigen Teilnehmer am Riegeln zu verbreiten. Der Bock, er war neunjährig, hing, als man sich zu allgemeiner schattiger Rast um ihn versammelte, mit den Krucken an einem Fichtenast dicht am Stamm und mit der Einschußseite diesem zugekehrt.

Die einen Gamsbestand in richtiger Weise lichtende Ernte sollte aus mehr oder minder reifen Stücken bestehen, aus Bökken und Geißen mittleren bis hohen Alters. Die zahlenmäßige Höhe des Abschusses von Gamsgeißen, vor allem ihre Proportionen zum Bockabschuß, läßt sich nicht über einen Kamm scheren. Es ist eines der vielen Wald- und Wildgeheimnisse, die sich nur zum Teil aus den Äsungsgegebenheiten erklären lassen, daß es Reviere mit vielen Böcken und wenig in nur kleinen Rudeln zusammenstehendem weiblichem Wild gibt und andere mit großen Scharwildrudeln und im Verhältnis unzweifelhaft weniger Böcken. Es ist nicht überzeugend, dies damit zu erklären, daß in den gamsärmeren Revieren infolge begrenzter Äsungsmöglichkeiten das Scharwild immer wieder abwandert, um bessere Gefilde aufzusuchen, denn dann würde sich die Frage erheben, warum die Böcke es nicht genauso machen, zumal für sie außer der Äsungssuche auch noch der Brunfttrieb Anlaß dazu sein müßte.

In solchen meist fels- und waldreichen Gebieten mit nur wenigen Almflächen bin ich beinahe auf jeder Pirsch einem Dutzend schußbaren Gamsböcken, teils suchenden, teils einander abtreibenden begegnet, ohne auch nur eine einzige Kitzgeiß gesehen zu haben. Einmal traf ich in einem dieser Reviere in einem felsigen Graben mit zwei den Krucken nach fast gleichen, etwa siebenjährigen Böcken zusammen, die, man durfte sagen, gemeinsam eine sichtlich sehr alte, einkruckige Geiß durch die Wände trieben. Nachdem wir dem auf seiten der Böcke ziemlich bewegten Spiel eine Weile zugeschaut hatten, drehte der mich führende Jäger sich zu mir um und sagte: „Die oakruckerte Goaß woaß i scho acht Jahr in dem Gebiet herin. Führt fast alle Jahr a Kitz, heuer hat's koans.“ So standtreu also waren dort die Gams, und zugleich so dünn gesät. Es behagte ihnen, und sie vermehrten und mehrten sich trotzdem nicht.

In unseren Bergen ist das anders, hier fand sich von jeher das Scharwild in mehr oder minder großen Rudeln zusammen. Und die Anzahl der Böcke war proportional verglichen mit der in jenen anderen Gamsgebirgen geringer. Es ist nun durchaus möglich, daß in waldreichen und almenarmen Revieren der Überblick über den Gesamtbestand erschwert ist und man ihn deshalb unterschätzt. Es ist auch wahrscheinlich so, daß dort die geringen Äsungsflächen kleiner sind und die Gams sich aus diesem Grund in kleine Trupps (von Rudeln kann man hier nimmer reden) aufteilen. All diese Gegebenheiten jedoch sind nicht ausreichend, um die, man muß schon sagen, grundsätzliche Verschiedenheit der Strukturen hier und dort zu erklären. Rätselraten aber ist nicht Sinn und Zweck dieser Zeilen. Es genügt die Feststellung, daß sich in manchen Revieren der Eingriff in den Bestand der Gamsgeißen auf ein paar überalterte Urmütter beschränken darf, während er in anderen allermindestens dem Abschuß der Böcke zahlenmäßig gleichkommen sollte, ihn manchmal sogar überschreiten darf. Denn da, wo sich große Gamsrudel bilden, hält das Verhältnis der Geschlechter sich nimmer das Gleichgewicht, das will heißen, daß die Geißen zahlenmäßig überwiegen.

Anscheinend ist es auch so, daß den älteren Böcken die durch große Rudel in den Einständen sich ergebende Unruhe nicht behagt. Der Gamsbock teufelt, wenn er so etwa Ende Mai seine Sommerresidenz wieder bezieht, alles andere Gamswild nicht minder zornmütig als der alte Rehbock aus seinem Bereich hinaus. Es kommt ihm nicht darauf an, ein jüngeres Gams, ob Bock oder Geiß, dabei so unter die Krucken zu nehmen, daß es weithin hörbar klagt, oder es sogar aus einer hohen Wand zu stoßen.

Auswahl beim Geißenabschuß

Die Auswahl beim Geißenabschuß fällt keineswegs schwerer, ich glaube sogar, man darf sagen, leichter als beim Reh oder gar beim Rotwild. Das hat seine besonderen Gründe: Vor allem nimmt die jüngere Gamsgeiß (bis sie neun- oder zehnjährig ist) nicht jährlich auf, wie dies beim Reh die Regel und beim Rotwild in der ersten Lebenshälfte fast immer der Fall ist. Mag sein, daß es in anderen Gamsgebirgen sich nicht so zuträgt; bei uns setzt die noch junge Gamsgeiß mit ziemlich seltenen Ausnahmen nur jedes zweite Jahr ein Kitz. Erst wenn sie sich in gewissem Sinn schon dem Matronenalter nähert, führt sie, und von nun ab meist bis ins hohe Alter, Jahr für Jahr ihr Kitz oder ausnahmsweise deren zwei. Es hängt dies mit der ausgesprochenen Spätreife des Gamswildes zusammen, mit der die Natur vermutlich den rauhen Bedingungen, unter denen es leben, sich entwickeln und behaupten muß, Rechnung trägt. Bemerkenswert ist in diesem Zusammenhang übrigens auch die gegenüber anderem Schalenwild geringe Zahnabnützung der Gemsen. Die Molaren eines zehnjährigen Gams zeigen Abnützungsspuren wie die eines fünfjährigen Rehs. Dabei ist die reichlich mit rauhem Lahnergras untermischte Äsung dort oben zwischen den Wänden alles andere als lind.

Während man nun beim Abschuß von weiblichem Rehwild nach schwachen Geißkitzen, schwächlichen, spät verhärenden oder Spuren von Durchfall zeigenden Schmalrehen auf der Suche ist, kann man aus einem Gamsrudel, bei dem sich wenig Kitze befinden, nach eingehender Beobachtung eine kitzlose jüngere Geiß zum Abschuß herauswählen. Es ist nämlich – und damit sage ich erfahrenen Gamsjägern nichts Neues – unmöglich, seinen Abschuß an weiblichem Gamswild mit Geltgeißen zu erfüllen. Wohl setzt auch ab und zu eine ältere Geiß einmal aus, und wenn man der begegnet, dann hat man Glück gehabt; daß man aber eine richtige Altgelte vors Rohr bekommt, eine, die aus Altersschwäche nimmer aufnimmt, das kommt auch innerhalb großer Gamsbestände nur alle Jubelzeiten einmal vor. Denn, und damit komme ich zu einer Tatsache, auf die man, um unter den Altgeißen die rechte Herauswahl zu treffen, genau achthaben muß, die meisten hochbejahrten Gamsgeißen gehen in strengen Wintern nicht als Gelte, sondern als führende Mütter mitsamt dem Kitz ein. Ich habe mein Leben lang nie ein Gamskitz geschossen, ganz einfach deshalb nicht, weil ich's nicht fertigbringe. Ein Hirsch- oder Wildkalb macht mir auch wenig Freude, aber für den Abschuß von weiblichem Rotwild gelten härtere Gesetze, da ist es unumgänglich, führende Alttiere in größerer Anzahl einzubeziehen. Und überdies und ganz abgesehen von diesen Argumenten – wo man besonders liebt, da ist man schwach.

Trotz alledem hat man doch die Pflicht, seinen Mitgeschöpfen Gerechtigkeit widerfahren zu lassen, und es ist das kleinere Unrecht, eine schon am Rand der Altersschwäche stehende Geiß und ihr dann immer schon schwaches, dem alpinen Winter schwerlich standhaltendes Kitz wegzunehmen, als eine in blühender Volljugend des Befruchters wartende Junggeiß. Eine solche mütterliche Großmama richtig anzusprechen, man sagt hier doch besser, zu erkennen, ist nicht allzu schwierig: Eine sichtlich alte, einigermaßen hochkruckige Geiß mit knochigem Gestell und meist auch ausgebleichten Zügeln, die ein ausgesprochen schwaches Kitz führt, was nur dann feststellbar ist, wenn sie allein oder zumindest nicht im Rudel steht, darf man mitsamt dem Kitz abschießen. Mit solcher Ernte greift man dem nächsten strengen Winter vor. Gamsmütter mit vierzehn, manchmal sogar fünfzehn Jahrringen an den Krucken können noch starke Kitze führen, die sie sicher durch den Winter bringen.

Wann die Zäsur, der wirkliche Abstieg zum reduzierten Alter erfolgt, das ist je nach Gesamtnatur eines Stückes unterschiedlich. Ich habe, wie weiter oben zu lesen, sechzehn- und siebzehnjährige Geißen geschossen, die trotz weißer Gesichter und brüchiger Krucken noch ein volles Gesäuge hatten. Die Kitze, soweit ich nachträglich annehmen konnte, daß es die ihren sein mußten, waren dann aber immer schwach.

Eine weitere Erleichterung bei der Abschußauswahl von Gamsgeißen ist die Tatsache, daß sie Krucken haben. Wenn man durch mehr als ein halbes Jahrhundert weit mehr als tausend Gams in den Linsen seines Spektivs oder seines Glases gehabt und angesprochen hat, wenn man an mehreren hundert Krucken geschossener Gams die Jahrringe abgezählt, Maß und Bewertung vorgenommen hat, wenn man die Zusammensetzung und, sagen wir hier ruhig einmal, die Bonität der Rudel und der sie umkreisenden Böckeschar durch die Jahrzehnte immer wieder verfolgte und sie im großen und ganzen und wesentlichen stets unverändert fand, vor allem aber wenn man, eben weil beim Gamswild auch die Geiß ihre Kruckenveranlagung zur Schau trägt, weiß, was für abertausend nur mit dem Rechenschieber noch zählbare Kreuzungsmöglichkeiten es gibt zwischen stark, dünn, hoch, niedrig, gedrungen, weit, mittelweit, eng, gut oder schlecht gehakelt und was weiß ich noch allem, dann, ja dann lächelt man nur noch über das Bestreben, einen Kruckenidealtyp durch Hege mit der Büchse zu erzüchten. Trotzdem empfehle auch ich bei der jedem einzelnen Abschuß vorausgehenden Auswahl die Mitbewertung der Krucken, denn das, was man unbedingt am Leben lassen sollte, sind hinsichtlich ihres Körperbaus und ihrer Krucken starke, somit gut entwickelte Stücke.

Gegen diese hegerische Verpflichtung verstößt (wie oft habe ich selber, auch noch in reiferen Jahren, die Sünde begangen!), wer sich unter den nicht führenden Geißen immer diejenigen als erste für den Abschuß auswählt, die besonders gute Krucken haben. Nur klare Merkmale des hohen Alters einer solchen Medaillengeiß rechtfertigen die Erlegung. Falsch ist es ferner, die typischen Geißkrucken, die bei oft beträchtlicher Höhe sehr eng stehen, gerade, also ungeschweifte Schläuche haben und schlecht gehakelt sind, für ein Abzeichen schlechter Veranlagung zu halten. Dieser Kruckentyp stellt nach meiner Überzeugung die naturgewollte Urform der weiblichen Krucken dar. Er ist auf alten Gemälden, Stichen und Lithographien, deren es in Österreich mehr gibt als in Bayern, immer wieder deutlich erkennbar festgehalten. Die kurzen, enterhakenartigen, sehr scharfen Kruckenspitzen sind wirkungsvollere Waffen zur Verteidigung des Kitzes, vor allem gegen aus der Luft angreifende Adler und Geier, als groß gerundete Bogen. Die „Urgeiß“ aber sollten wir uns erhalten und auf sie zurückzuzüchten bestrebt sein.

Ich konnte an den eine solche Geiß (wenn sie vorübergehend gelt ging) begleitenden Jährlingen und Zweijährigen oft und oft feststellen, daß sich die Enge und schlechte Hakelung der Mutter nicht auf ihre männlichen Kinder vererbt. Überdies haben die weiblichen Stücke (ob beim Gams, beim Steinwild, beim Ren) wahrscheinlich ihre Hörner oder Stangen ausschließlich als Waffe, und nicht wie die männlichen auch der optischen, der schmückenden Wirkung halber mitbekommen. (Bei der Steingeiß beträgt die Länge der Hörner im Durchschnitt etwa ¼ von der des Bockgehörns.)

Es erhebt sich deshalb die nicht oder nur durch eine lange Versuchskette erforschbare Frage, ob die Muttergeiß in ausschlaggebender Weise Kruckeneigenschaften auf ihr männliches Kitz vererbt. Man muß sich jedenfalls (Horn ist nicht Bein!) davor hüten, Begriffe aus dem Bewertungsbereich der Rehkrone und des Hirschgeweihs auf Gamskrucken zu übertragen. Dazu ist außerdem noch zu sagen, daß eng gestellte Stangen weder beim Rehbock noch beim Hirsch Anzeichen fehlerhafter Veranlagung oder Entwicklung sind und die Beweggründe für den Abschuß ihrer Träger (jetzt hat man es zum Glück eingesehen) mehr schießerischen als hegerischen Ursprungs waren.

Es gibt aber noch so viel anderes, weshalb man eine Kruk-kenträgerin aufs Korn nehmen kann: Da sind die niedrigen, knapp lauscherhohen Krucken bei älteren Geißen, die fast immer eine schlechte Gesamtentwicklung anzeigen, da sind andere mit superdünnen Schläuchen, und da ist vor allem das viele schlechte (ich wiederhole: *schlechte*!) Mittelmaß in reiferem Alter. Weit mehr jägerische Mühsal als das Ansprechen bedeutet das Herausfinden der Nichtführenden; denn außer in wenigen, weiter oben begründeten Sonderfällen sollte man Kitze nicht schießen, vor allem aber bleibt es, um nicht über die unterste Grenze jägerischen Anstandes hinunter zu rutschen, festes Gebot (das genauso gegenüber den Rotwildkälbern gelten muß), keine Verwaisung von Kitzen zu verschulden. Daß dies auch bei viel Umsicht unabsichtlich immer wieder unterläuft, ändert nichts am Grundsätzlichen. Um Rudel, bei denen viele Kitze sich tummeln, schlage man einen großen Bogen, wenn man mit der Absicht auf dem Weg ist, eine Geiß zu schießen. Aus ihnen eine Nichtführende sicher herauszufinden, ist unmöglich! Die Jagd ist ein ernstes Handwerk, in das Zufälle nicht einbezogen werden dürfen.

Aufgrund vieler diesbezüglicher Beobachtungen vermute ich, daß ältere Geißen, die selber kein Kitz führen, sich, zumindest während der Sommermonate, von den großen Rudeln, den „Kinderstuben“, abseits halten und von ihren ein- und zweijährigen Kindern gefolgt, sich mit anderen Nichtführenden und etlichen Junggams zusammentun. Jedenfalls wird man innerhalb großer Gamsbestände immer wieder solchen Gemeinschaften begegnen, aus denen oft mehr als nur ein Stück sicheren Rohrs Gewinn werden kann. Einmal entdeckte ich sogar inmitten eines kleinen Rudels eine sichtlich sehr alte Geiß mit hohen, herrlichen ausgeschweiften Schläuchen. Das würde, so nahm ich an, wohl eine Kitzgeiß sein. Nach Überprüfung der ganzen Schar stellte ich zu meinem Erstaunen fest, daß sie sich in Begleitung von nicht weniger als sechs Jungböcken zwischen zwei und höchstens fünf Jahren und nur von solchen befand. Kitz war keines dabei. Noch ehe ich mich nach dieser Erkenntnis auf rasches Handeln umstellen konnte, schlug sie, die mich sofort eräugt hatte, um und flüchtete, von der verdutzten Bubenschar gefolgt, mit steifläufig bockenden Fluchten in die nächste Überriegelung hinein. In früheren, besseren Zeiten, da noch nicht mit so viel Eifer in den Gamsbeständen herumgestochert wurde wie in den letzten Jahrzehnten, soll es sogar in kleine, für sich gehende Rudel zusammengeschlossene Gelte, also aus irgend einem Grund (der nicht unbedingt Alter sein muß) nimmer Aufnehmende, gegeben haben.

Ich erinnere mich nur an eines, das durch zwei, drei Jahre im Alpengebiet der Farnpointleite Einstand genommen hatte, und das ich (aus einem recht traurigen Grund weiß ich es noch so genau) erstmalig während der Hirschbrunft 1936 in Anblick bekam. Vier Geißen waren es, vier mehr oder minder alte Damen, eine darunter mit fast weißem Gesicht, die in einer Art Kaffeekränzchenverband auf den Almblößen unterhalb jenes felsgründigen Fichtenaltholzes miteinander herumästen. Wegen der nahebei meldenden Hirsche wollte ich damals nicht schießen. In der Gamsbrunft hatte ich meinen väterlichen Freund und Gast zu fast allen Jagdzeiten, den Dichter Arthur Schubart, der mit dem ihm sehr ergebenen, auf all seine Wünsche eingehenden Förster Osterhammer auf der Laubensteinhütte hauste, dort besucht und wie fast alljährlich einen gemeinsamen Hüttenabend mit ihm verbracht.

Ich stieg anderen Vormittags zu Tal. Arthur Schubart (nur wenige wissen heute noch, welch bedeutenden Beitrag er mit seinen meisterhaften Kurzgeschichten zur deutschen Jagdliteratur geleistet hat) war ein hochanständiger, aber ein etwas schwieriger, oder vielleicht ist's richtiger zu sagen, empfindlicher Jagdgast. Ich war damals, wir hatten wenige Jahre zuvor die ganze Ostseite des Aschauer Tales durch Abverkauf verloren, wegen der Gamsböcke in ziemlichem Gedränge. Jäger, Forstbeamte, Pensionisten und Gäste sollten alljährlich am Abschuß teilhaben, was schon allein platzmäßig schwer darzustellen war. Deshalb hatte ich den Freund gebeten, nicht bis in das zur Zeit der Brunft ohnedies unergiebige Gebiet der Farnpointleite hinüberzugehen. Ich wußte, daß er es im Lauf von, ich glaube, sieben Jahren, in denen er dieses Revier während der Gamsbrunft bejagte, kaum je betreten hatte. Trotzdem war er über diese Einschränkung zugunsten eines anderen sichtlich verstimmt. Ich ahnte nicht, daß dieser Jagdaufenthalt in unseren Bergen der letzte seines Lebens sein würde. Und auch er selber wußte noch nichts von der tödlichen Krankheit, deren Keim er damals schon in sich trug. Aber es erscheint mir sicher, daß sie der Grund für seine erhöhte Reizbarkeit gewesen ist.

Ich war zu einer Fasanenjagd eingeladen und wollte nachmittags abreisen. Deshalb hatte ich beim Abschied ein wenig gedrängt und legte auch beim Zutalsteigen ein schnelles Tempo vor. Der Jäger Mathias begleitete mich und konnte es nicht lassen, das fast nie wildleere Gehänge der Farnpoint, das in der vollen Sonne eines schönen Novembertages dalag, immer wieder mit dem Glas abzusuchen. Und natürlich, wie das in solcher Situation meist der Fall zu sein pflegt, entdeckte er Gams.

„Da san jetzt wieder die vier Goaß beianand", sagte er nach längerem Schauen. Herrschaftszeiten, da sollte doch der Samiel dreinfahren! Wie oft hatte ich während der letzten Wochen vergeblich nach ihnen Umschau gehalten! Sie standen, das darf ich zu meiner Entschuldigung anfügen, nicht da, wo man sonst in diesem Gebiet mit Gamsbegegnungen rechnete, sondern 300 Meter ostwärts auf einer kleinen, steinigen Blöße mitten im Wald. Der Geißenabschuß war mir damals, gerade wegen des zu hohen Eingriffes in den Bestand der Böcke, besonders wichtig. Was soll ich's beschönigen: ich wurde schwach, stieg eilends hinauf und schoß die Weißgesichtige, die, als ich oben ankam, als einzige noch in der Blöße stand. Während wir sie aufbrachen, sah ich Arthur Schubart hinter seinem Führer her die jenseitige Schneid entlanggehen. Die Entfernung betrug in der Luftlinie etwa 600 Meter. Zu allem Überfluß schienen die beiden uns auch noch zugeschaut zu haben.

Mein Gast und Freund kam, wie alljährlich, auch damals, und zwar auf bequemste Art nahe der Hütte, zu seinem Bock. Als ich ihn aber auf meiner Rückreise in München besuchte, waren Verstimmung und Trübung immer noch deutlich spürbar. Ich erzählte ihm allsogleich, mich entschuldigend, von der Geltgeiß mit dem weißen Gesicht, hinter der ich seit Ende der Hirschbrunft mehrmals hergestiegen war. Er ging mit keiner Silbe darauf ein, schwieg eine Weile und wandte sich dann unvermittelt mit einer belanglosen Frage an seine Frau. Ich nahm das zunächst nicht allzu ernst. Seine Verärgerung erschien mir und erscheint mir auch heute noch nicht berechtigt. Aber schon im Januar wurde er bettlägerig, und von da ab blieb sein Krankenzimmer allen, auch seinen engsten Freunden, verschlossen. Im September ist er dann gestorben. Weshalb mußte, wie in meinem Leben so oft, der Ausklang auch hier eine Disharmonie enthalten!?

Die Geiß hatte 18 Ringe auf den schon etwas brüchigen Schläuchen und erhielt bei der Kruckenschau eine silberne Hegeplakette. Die wiederum habe ich im ersten Nachkriegsjahr gegen fünf Päckchen Zigaretten an einen Amerikaner vertauscht, der sie ob des statt eines Hubertuskreuzes zwischen den Stangen des Hirschgeweihs prangenden Hakenkreuzes als Kuriosität unbedingt erwerben wollte.

Vielleicht wird es in Deutschland auch noch Hegemedaillen geben, auf denen Sichel und Hammer statt des Hubertuskreuzes zwischen Geweihstangen figurieren. Ich bezweifle nur, daß sie an uns, die wir das Wild durch die Fährnisse der Zeit gerettet und zu gesunder Stärke herangehegt haben, verliehen werden und befürchte ferner, daß zumindest ich nicht mehr in die glückliche Lage komme, sie als Kuriosität an normal Gebliebene zu verkaufen.

In meiner jungen Bergjägerzeit hab' ich nur gelegentlich oder, auch das ist mir leider unterlaufen, versehentlich einmal eine Gamsgeiß geschossen. Während der letzten zwanzig Jahre aber sind es ob erhöhter Auflagen viele geworden, und ich muß eingestehen, daß ich nach anfänglicher Unlust schließlich gern auf die Krickeldamen jagte. Das oft stundenlange Davorliegen (die gewonnene Vermutung, daß diese oder jene gelt gehen könnte, hat sich manchmal erst bei der zweiten oder dritten Begegnung bestätigt), die oft weiten und schwierigen Schüsse, das glückliche Aufatmen, wenn man an der Geschossenen feststellte, daß sie wirklich ohne gefülltes Gesäuge war, dazu als geeignetste Jahreszeit der alpine und almerische Spätsommer mit seinen würzigen Düften, all das hat seinen ganz eigen geprägten, mit anderen Arten gebirglerischen Jagens nicht vergleichbaren Zauber.

Zweimal brauste bei solchem Hüttenaufenthalt, während wir nach der Frühpirsch in der Sonne saßen, die Hengstherde des Haflinger Pferdezuchtverbandes, die zu Tal getrieben wurde, an uns vorbei: fünfzig junge, kraft- und übermutvolle Pferde mit wehenden weißen Mähnen und Schweifen, dicht gedrängt im gestreckten Galopp über die abfallende freie Almfläche hin. Beglückende Stimmungen und Bilder! Aber, wenn ich es im Rückblick so überdenke: Stark haftende Einzelerinnerungen sind mir nur wenige geblieben.

Die beste ist die an eine sicher zehnjährige Geiß, die, als ich sie niedergetan unter einer Fichte im raumen Alpenwald erblickte, meiner Pirsch damals Halt gebot. Das war im November 1963, genau am zweiten Tag nach der feierlichen Wiedereröffnung der Münchner Staatsoper und drei Tage nach der offiziell nie aufgeklärten Ermordung von John F. Kennedy. Ein Freund, der Conte Ricardo Malvasia, damals wohl erfolgreichster Flintenschütze Italiens, hatte aus Sorge um etwaige politische Auswirkung des Attentats in letzter Stunde meiner kombinierten Einladung zu den „Meistersingern" und auf einen Gamsbock abgesagt. Aus dem beabsichtigten Nachholen zumindest des letzteren wurde nichts, denn wenige Jahre danach kam er durch einen Autounfall ums Leben. So stieg ich allein hinauf, nur bedingt bereit, seinen Bock zu schießen, denn ich hatte das mir selber zugemessene Soll oder Darf, wie man es nennen mag, schon erfüllt und bummelte ziellos und stand auf einmal im von Wolken zeitweilig weggeblendeten Schein der flachbahnigen

Novembersonne vor jener Geiß. Abgewendet war sie niedergetan auf einem dieser gewissen, von sicher mehreren Gamsgenerationen ausgesessenen und mit vielen Schichten trockener Losung bedeckten Postamente, die sich als kleine Ebene im Wurzelwerk älterer Fichten zwischen Hang und Stamm anbieten.

Der Südwind zog mir ins Gesicht, ich hatte mich sofort in guter Deckung niederlassen können. Die Geiß blieb ahnungslos. Ich hatte viel Zeit, sie mir eingehend und immer wieder anzuschauen. Die Krucken waren mittelhoch und ziemlich eng gestellt, aber kräftig. Auf zehn Jahre schätzte ich sie. Der aufgezogenen Bauchlinie und den ausgefüllten Flanken nach (sie war überdies ausnehmend gut bei Wildpret) durfte man annehmen, daß sie nicht führte. Acht Gamsgeißen standen noch ungestrichen auf der mir zudiktierten Abschußliste. Wenn die arglos Ruhende hoch wurde, mußte ich wohl handeln. Sie ließ sich Zeit. Ich vesperte indessen und zündete mir eine Zigarette hinter dem Hut an. Und als sie nach einer guten halben Stunde dann hoch wurde, handelte ich nicht. Es war doch heller Wahnsinn, dieses kraftvoll gesunde Stück, das ganz sicher wieder aufgenommen hatte, nur um des Phantoms erfüllten Abschusses willen einfach zusammenzuschießen! Lange verblieb sie, ununterbrochen äsend, auf Schrotschußweite in meiner Umgebung. Es befanden sich – und das war mir etwas verwunderlich – anscheinend keine anderen Gams in der Nähe. Ich mochte im ganzen anderthalb Stunden gesessen sein, als sich schließlich das Dürrlaubknistern unter ihren Schalen rechts oben im Steilhang verlor.

Jetzt wollte ich heim. Aber irgendwie sah es hier nach Fuchs aus: viel Felsgetrümmer, bis herunter beastete Fichtenschöpfe und hohes, trockenes Lahnergras im südseitigen Hang. Warum es nicht mit einer kleinen Hasenangstmusik probieren? Zwei kurze und nicht allzu lautstarke Ariettas, von längerer Pause getrennt, ließ ich ertönen. Nichts Füchsernes kam, aber mit einemmal war, ohne daß ich etwas gehört hätte, die Geiß zurückgekehrt, stand bis zum Stich verdeckt wieder bei ihrem Postament und äugte mich an. Sollte das nun unbedingt so werden, daß ich sie schoß!? Da fuhr mir ein jäher Blitz von den Augen bis zum Herz hinunter und wieder in die Kehle herauf: Himmel Laudon, das war ja ein Bock! Der Freier, der hier irgendwo nahe der Freundin sich brunftmüd ausgeruht hatte. Enge, gerade, aber starke und mordshohe Krucken standen ihm zwischen den neugierig zu mir hergespitzten Lauschern. Ich erkannte deutlich die Brunftfeigen und den aufgestellten Bart.

Den Repetierer hatte ich entsichert über den Knien liegen, und ein paar Sekunden später fiel der Schuß. Bald darauf hielt ich die pechigen Krucken des riesengroßwüchsigen Bockes in Händen. Fast 19 Zentimeter waren sie hoch und zeigten dreizehn Ringe. Mein bester Gamsbock seit Jahren war der. Der Berggeist hatte die Achtung vor dem Leben eines seiner Geschöpfe großzügig belohnt. Ich setzte mich nun selber auf den Gamsruheplatz und schaute eine Weile auf die mir unverhofft gewordene Beute nieder. Befreit atmete ich jetzt auf, wie hineinerwacht in die von früher her vertraute und beglückende Gamsjägerwelt, in der man kein Jagdkarteninhaber mit Abschußaufgabe gewesen war.

Diesen Bock habe ich übrigens in meiner dankbaren Freude selber ins Tal hinuntergetragen. Seitdem keinen mehr. Und als ich neulich im Novemberschneetreiben nach erfolgloser Pirsch auf dem gleichen Weg wie damals heimging, da war mir auf einmal, als umfuchtelte mich im tiefvioletten Dämmer ein schwarzer Nachtvogelschatten, und wie eine Eulenschwinge streifte mir der Gedanke das Gesicht vom letzten Gams, vom letzten Glück, vom letzten Tag.